人文與世界

陳智豪／著

當代人文科學的反思與嘗試

FS

目錄

序言

這一部嘗試在學術專業化越趨細密、破碎的時代，重新反省並建立古典人文學術的著作，這本著作並不講求任何學院向來引以爲傲的學術技巧，而只在乎如何和當下的世界對話。我希望透過一種對人文學術純粹愛戀的心情來寫這本書，它並不是什麼眞正意義上的學術著作，更像是一種透過各種體裁文字來記錄自身思想、體驗的藝術作品。它不要求讀者在其中得到任何嚴謹的知識或現實的啓示，只求那些能被此書中文字所共鳴的讀者好好的享受閱讀人文寫作時的快樂。如果各位讀者中的任何一位能在閱讀本書時的某一小段落時能感到一點「感動」之情，那麼我想這一年多以來的寫作便是值得的。

文學篇

短篇小說：台南之旅

序幕　少女

那是一個明亮到不夠開闊的早晨，或許是因爲正值夏秋交替之際，低平的雲如同鏡面般，將陽光反射至其所覆蓋的每個角落。不遠處正傳來禮拜天教堂的鐘聲，今天亦是我同女孩子赴約到台南旅遊的日子。

「嗨」女孩在車站牌前有些尷尬，卻又故作大方地打了招呼。

「抱歉，我有沒有讓妳久等了呢？」我一時不太知道該怎麼跟等待的友人打招呼，所以隨口蹦出的這句話，也或許對方是個女孩子的關係，所以跟一般男性友人見面時的那種自然而然地被動感被硬是壓抑了，卻又因生疏的談話而找不到更好的開頭。

「不會，我也剛剛才到而已。」女孩如同柳葉一般的眼睛，搭配慘白酒窩間簡單的微笑，彷彿晨間日劇中帶給人們溫暖的年輕女徘優，使我的審美感受到近乎端看藝術品般的靜止，直到充滿生氣、動物的、咖啡泛點陽光反射的瞳孔與我的視線對上時，時間才重新開始流動。

女孩名叫莊惠眞，是我大學班上的同班同學。她有別於一般同學的自信和廣泛多元的興趣，總是能博得班上同學的注意。我很幸運，大一的日文課剛好分在和她同一班，再加上我是班上出了名的動漫宅，很快就吸引到她的注意。或許這是那種故作大方的個性使然，她漸漸將我視爲能夠攀談學業的熟人，有時甚就在上課時緊緊地靠著我請教有關日文課的問題。

通常喜歡聊戀愛話題的讀者這裡心裡一定會這麼想：這女孩就算不是特別對我有意思，至少也是接近可以順利成爲好朋友的程度，何不就大膽一點用鮮明的行動去取得她的芳心呢？

不不不，親愛的讀者請聽我道來，這趟即將開始的旅行不僅不會是一趟浪漫的戀愛之旅，而且還是一般男女出遊（甚至同性友人間）都不可能發生的啓蒙之旅。謬思女神已經準備就緒，要將關於人際、心靈、哲學與世界的種種課題在今天丟入我那晚熟青春期的腦袋瓜當中。

「阿」我這時才注意到要通向車站的巴士正快速像這裡駛來「走吧，前往台南的火車時間表我都查好了，相信這會是一趟順利的旅行。」

第一幕　列車

通往台南的列車並不如想中的擁擠，到了兩人所乘坐的車廂以後，發現仍有許許多多空下的座位。側身於少女而坐，這樣的經驗從青春期至今也已經不少次，然而每次總能讓我產生有異性伴侶的安慰。惠眞的手輕放在她材質輕薄的灰色連身裙上被車外的光線映射的更加白皙、單純，純白連帽的大外套擠壓在我的臂膀上，彷彿隔著厚厚的一層都能感受的到她體溫。她的頭正向窗外看去，陽光將那本來就淨白的側臉修飾更加光澤，卻也在她的頸後抹上更深層的陰影。

「惠眞，我們今天這麼早出門會不會太早？」我試圖打破與同伴間幾乎不正常許久的沉默：「妳平常假日都多晚醒來呢？」

「嗯！？」惠眞如同草原般受到驚訝的羚羊般快速的回過頭來，臉上馬上轉換成如同服務生仔細聆聽時的表情，像是希望我在複述一次剛剛對她猝不及防的提問，那表情間的變換好像更加深刻的前一秒還掛在臉上的沉重表情。

「我是說今天這趟旅行會不會讓妳因此少睡一點？怕妳會感覺太累」我用有些急促到像在背誦的語氣重新問了一次。明明是我起的頭，卻反而是我如此緊張。

「喔，並不會喔，我最近都相當早起……」她接著補充說明：「我腳踝上的濕疹好樣因爲天氣變化的關係，常常感覺刺痛、不舒服。」

「這個問題妳沒有去找醫生看嗎？」我感覺自己找到了好話題，於是就很自然地這樣接下去。

「當然有阿，不過醫生也只能建議我要多補充營養、多運動，身體盡量保持乾燥狀態。」她微笑地這樣說到，我卻覺得自己好像問了一個沒有意義的蠢問題，當下有點羞愧。

「那……妳可以去學校操場運動啊，反正妳住在校內宿舍，要去那裏很方便」爲了要讓這個有點小尷尬的話題接下去我也只能這樣說了：「而且，感覺妳這麼瘦應該可以再多吃一點」天啊，我這下眞的是變成愛說教的終年無腦男性了。

「哈哈」她的著有點輕蔑跟反駁的笑容說到：「其實我這幾個禮拜都有去操場慢跑喔。雖然我常常感覺沒胃口，但也都吃大量蔬菜來保持營養。」

「是喔，哈……」我的腦袋已經空白到不知道要接什麼了，跟會眞對視微笑三秒以後，她便把頭重新轉過去檢視窗外（抑或是內心？）的景色了。

此時了列車正在經過濁水溪，下望去盡是一大片的卵石灘以及數不盡的蘆葦叢，雖然缺乏生機勃勃地的配色，卻並不讓人感到無聊，反而意猶未盡地想這麼秋意盎然的景致貪婪的盡收眼底。於是，直到台南以前，我倆就幾乎沒有什麼對話。

第二幕　在成功路上

一下月台便感覺濕熱的空氣襲來，豔陽照耀著車體以及露出的軌道，在鐵皮棚頂向明亮處看去彷彿有種來到南國異界的奇妙印象，原來這便是台南的「空氣」。熙來攘往的月台上，女孩有些迷惘卻又急切尋找出口的背影提醒了我這次旅行並非是獨自一人，而且我們也有目的在身。

「我們先下去地下道，從這裡往第一號月台走，出口就在那裏。」雖然是第一次來到台南的火車站，但我卻對這種從日治時代就遺留下來的老古董的結構非常熟悉，這或許該說是每個禮拜總是搭著區間列車往返於台中市區與豐原之間的功勞，這兩站的站體同樣也是日治時代所遺留下來的結構。可惜的是，隨著台中這幾年快速的都市化發展，老舊的站體也將要在幾年以後被新的站體所取代，未來的世代恐怕會越來越難享受到那種由地下道或天空橋穿越月台的體驗，而這種體驗說不定也會隨著我們這一帶人的老去而被完全遺忘在歷史的洪流之中。

第一次搭乘列車，並且一口氣就由台中搭到台南的女孩或許是驚訝於第一次來到南部，又或者是搭乘火車的整個過程對她而言就是一次過於陌生的體驗，她只是強作笑容地跟我走：「喔，對，出口就在那裏！」

走出車站，映入眼簾的是一個巨大的圓環車道廣場，廣場由一些與車站同樣屬於日治時代遺留的老風格建築，和幾棟外表已經非常破舊的玻璃窗方形大廈組成，形成的一種在豔陽之下顯得有些封閉炙熱的場景。然而，不斷從車站走出來的人群、延邊招呼租車的攤販、便利商店前賣唱的街頭藝人以及廣場地下道周圍的零散席地而躺流浪漢，加上廣車道上不斷湧入且環繞的車流，一種破敗外表下的強烈生命力正席捲著我的感官印象，及時自己傾慕已久的女孩正在身邊，我的注意力也像受到磁吸一般被這種南國的生命風景的吸引著。

「我們要不要先找個地方吃個東西呢？已經中午了呢，如果去到歷史博物館那裏還說不定找不到任何吃的呢」女孩，惠眞，如此說道：「從廣場正中央的那條路遠遠看去，那裏應該有百貨之類的，我們在那裏面找些東西吃吧。」

於是，我們一路穿越圓環上所碰上的每個路口，過程中我總是想著像自己童年時父母牽著我的手過馬路那般牽著女孩的手，但只感覺女孩像刻意迴避似的總是在我想牽她的手時刻意向前大步邁去。雖然我曾經聽說過女性只要不是戀人不論感情再好都不可能牽著男性的手走在一起，但對一個正値青春期、沒有談過戀愛卻又對戀愛充滿憧憬的男大學生而言，他不會注意到自己的行爲多麼可能造成女孩子的困擾，又或者即便他明知，卻又抱持著：「這女孩跟我如此有好，說不定會成功」的心理去做著樣嘗試。只能說我是一位非常欠揍的男性，無法用理性收斂自己對女性的各種慾望，彷彿是隻剛從野地裡被抓捕的野獸，還需要更多的歲月才能把自己磨練成「文明的家犬」。其實，我想人類一生的生命史不也正是從野蠻逐漸被他所生活的外在世界馴化爲文明的過程嗎？在人的一生中到底會犯幾次「禁忌」，而這些禁忌對於「生活界」的整體來講又有多「嚴重」呢？像我這樣慾望與妄想纏身的年輕小伙是否應該被認爲是「壞人」而判處「死刑」呢？又到底，跟我差不多年齡的青春期男性是如何面對自己與傾慕女性的關係？感覺這是一百人會有一百種回答的蠢問題，但在此時此刻看似萬劫不復的我的腦海裡，卻是拼命想在理智與記憶中找尋的答案。在經過一小段慾望與理性還有外在打擊之下，我們總算走在了「成功路」上。

延著成功路穿越一、兩條街口後，總算在向左轉的位置來到的百貨大樓。我們試圖穿越百貨廣場前方擁擠的人群，女孩刻意跟我保持距離所造成的隨時可能散的局面，我不能讓這種事發生，因爲我們是有「目的」才來的，爲了這個目的，以及做爲一個被她所信任的男性友人，至少，讓我把我們這次的目的平安順利的完成再說，談戀愛什麼的都無所謂了。在百貨的地下美食街，我帶著已經被人群和自身焦慮弄到模糊的意識，強裝鎮定位女孩點了一些她想要吃的速食套餐之後，便有些愧疚地跟她一起做來下來吃起眼前的薯條和炸雞，一句話也不敢說。

「這個炸雞好好吃喔！」女孩率先打破了沉默向我說道。

「這不就是一般的速食店的炸雞而已，沒有好不好吃感覺……」我又故作鎮定地回答道。這個答覆雖然糟糕，但說實在，惠眞願意主動破解這尷尬的氛圍眞是太好了！至少，在接下旅行結束前她的笑容至少都不會因爲剛剛尷尬的蠢事而完全消失：「親愛的上帝呀！謝謝您再讓我多當一會兒的人」我在心裡如此默念道。

「我因爲身體對油炸過敏，所以很少會吃炸雞，但其實我是超喜歡吃肉的。」惠眞有點得意地回答道：「像是生魚片或牛排之類的我也很喜歡，只要沒有濕疹的問題，我眞的很想多吃這些美食。」

「那麼，以後我可以再帶妳去幾間不錯的餐廳，我也很喜歡吃肉，那些料理妳說不定也會喜歡。」我馬上接著說道。

「恩……或許以後有機會吧……」惠眞嘗試維持的笑容開始有些略顯尷尬，我好像又說錯了什麼話似的。

就這樣在沉默當中繼續吃著眼前剩下的食物，混著南部特有的濕熱空氣與擁擠人潮……

第三幕　歷史博物館

從公園南路沿著台南公園這邊，在某間充滿日治時期洋式紅磚建築小學的正對面，有一座公車停靠站，只要搭乘會停泊在這裡的第十八號公車，便能直接抵達歷史博物館。

我和惠眞在百貨吃完中餐以後，便信步沿著公園路走向公園南路。在炙熱的正午陽光底下，皮膚白皙的惠眞撐著藍色輕薄的遮陽傘，以比中餐前還要徐緩許多的步伐前進著。熱烈的陽光下，原本充滿刺人眼睛的玻璃帷幕大樓，再過幾條街以後漸漸爲古厝平房及零星的閩南式古老廟庭雜陳排列的街景所取代。悶熱的氣候，讓幾粒豆大般的汗珠沿著惠眞細緻潔白的脖頸留下，同時幾根黑溜溜的髮絲蜿蜒緊貼在兩頰與耳根附近。如此近距離的觀察少女的細節，彷彿有一種柔軟的美感正在心中渲染，比起所欲牽起的那細長纖弱的白手，少女面部的側影更像一幅如同神聖之物讓人觸碰不了的油彩畫，在觀察的時刻停止了時間的流動，只剩下微微的清風透過皮膚提醒著自己仍在向前行走。

在等待公車到來的途中，我凝視著一旁公園內茂密高聳的樹林，每一個樹起碼都有五十公尺以上的高度，這些樹的年齡恐怕遠超這座公園誕生的歷史千百年之久。陽光透過樹冠間隙照映在公園南路馬路上，隨著微風吹起而舞動著。幾片殘雲的廣大清空、嫩綠盤據的偌大公園、稀疏漫步行走的路人以及對面在陽光照射尖頂下彷若西式禮堂的紅樓校舍，沒有任何特別吸人眼目地場景或物件存在期間，但此刻卻在身體裡喚起了一種「美」。我想將這種美的感覺分享給一旁的惠眞知道，但我無法形容它，它就是那樣溶進了我的身體裡，任何的言語嘗試形容它都將變得平庸，只能靜靜的、在這一時半刻間、用心靈、用感官去享受它。就在約莫十分鐘左右的沉默等待之後，通往歷史博物館的公車終於到了。

「妳會不會覺得剛剛我們從百貨一路走來的路上，沿途的那些日常景緻好像都隨著優閒的心情而顯得有些美好呢？」爲了不要在抵達博物館前的漫長時光因兩人的沉默而感到尷尬，我嘗試把剛剛所體驗到的美分享給惠眞知道。

「會嘛！？」還是那一副認眞卻勉強的笑容：「我剛剛只是覺得太陽好大，只想快點到公園那裡的樹蔭下乘涼而已。那些平房、老房子和廟在台中不是也很多嗎？我每次到市中心去購物時就常常看到這樣的景色，實在感覺不出有什麼特別的美好呢。」

「不會讓妳感覺特別舒服？特別放鬆嗎？」我馬上追問到。

「我眞的覺得還好，雖然中部南部的生活確實比起我所成長的台北還要來得緩慢舒服許多，但眞的生活了一段時間後就覺得生活不就是這樣嗎，也沒有特別美好或不美好，感覺那都只是一時的心情所造成的。」惠眞帶點輕鬆的語氣回答道，而我雖然對這樣的回答不是很滿意但也已經不知道該說些什麼來反駁了：「恩……或許就如同妳說的，那只是我一時產生的幻覺吧」惠貞得著有些驚訝的眼神看著我這位才說個一兩句就放棄的男人，欲言又止的，但我實在是不想當那種喜歡強迫別人接受我的觀念而說教的中年大叔，尤其是對美感這種事情，不論到底是誰有道理，那或許都只有自己的體驗才能說服自己。這種無法言說的知識到底是不是知識，為何如此難以直接確定的與他人分享，眞是非常傷腦筋的事情，也難怪在人文知識的領域，主觀性和客觀性之間的辯論永遠沒有停止過……

於是，就在二度沉默之後的十分鐘左右，公車已經抵達了歷史博物館。

參訪歷史博物館是每一位大二的T大歷史系學生都必須要完成的事，學生們需要在台灣史課堂結束以前蒐集至少一張的歷史博物館票根才能獲得這堂必修課的修業規定。這次來到台南這座新開幕的歷史博物館，並不是所有課堂的同學都被指定要去那裏參訪，而是相對於熟悉的北部或是遠在中央山脈另一頭的東部，惠眞更中意於能夠搭兩小時台鐵自強號列車能夠抵達，並且也是第一次踏入的陌生的台南。

台南的歷史博物館坐落在距離市區有相當一段居離的郊外，這離除了零零星星尚梅什麼人居住的透天厝社區建案之外，其餘的全是一片低矮雜草盛長於已被劃訂好的空地區塊的景色。博物館本身是一座由各種長方形結構組合起來的巨大現代主義建築，並沒有讓人耳目一新的感覺，甚至和最新剛通車不久的台中高鐵車站相比，同樣是現代主義建築，前者卻平庸了許多，彷彿就跟學校的歷史教授一樣呆理呆氣，毫不吸引人注意。

購買入場券，進入到博物館的內部後，裡面是一個開放的大廳空間，每一場展覽的陳設的是圍繞的大廳周圍每一層樓展出，因此由大廳一樓正中央向上看去是一巨大的鋼構支架玻璃天井（這是現代主義建築常使用的手法）。由於時間已經是下午，我和惠眞決定只要看完位於二樓的常設展，從入口處一旁的電扶梯上去馬上就能抵達。

常設展是透過各種模型與造景，並附加聲音與文字的說明，帶領參與展覽者回顧從幾十萬年前開始直到當代的台灣歷史發展過程。這些導覽與模型雖然精緻且介紹詳細，卻始終勾引不起我的興趣。對我來說，常設展的一切展出就像是把高中時期所唸的台灣史課本具現化之後再加入一些比較細節和比較實際的討論而已，但這些歷史卻激起不了我內心對於先人尊敬或者是任何文明或文化在這塊土地上累積茁壯的自豪感。就像電視台裡隨機切到以打發無聊時間的節目一般，並不會感覺自己好像需要花費任何心神在這個節目之上。當然，這只是我自己個人的主觀感想，我也知道對那些比我年紀大上五歲十歲的人來說，一個敘述完整的台灣史是非常新鮮的事情，畢竟直到上個世紀結束之前，這個國家的人民不被允許受到獨立的台灣歷史基礎教育。台灣人民在複雜的歷史政治環境之下，直到我們這一輩才開始認爲接受台灣歷史的教育是再自然不過的事情。

在隨意瀏覽完常設展覽之後，我和惠眞便直接步出了博物感外頭，除了彼此交流了一下剛剛觀看的常設展中有哪些模型道具非常得「有趣」之外，好像就沒有其他認眞的學術上的心得了。走出博物館門口，發現天色已經接近傍晚，月亮已在漸層昏暗的天空中顯現，外頭也不知從何時開始吹起了帶點寒意的晚風。當我還在仔細查看附近的公車站牌有沒有回到市區的公車時，惠眞不知道什麼時候突然跟一旁尚未收攤的攤販買了一隻冰淇淋。

「我覺得我這個人眞的很奇怪。越是天氣冷的時候越喜歡吃冰淇淋，總覺得冷天的冰淇淋特別的好吃。」惠眞兀自說道。

「眞的是很奇怪的興趣呢……」看著惠眞優雅而小心翼翼地吃著冰淇淋的模樣，頓時覺得這副景象可愛極了，就像是日本晨間劇的女主角才會有的姿態。如果誰能夠成爲這個女孩的情人，那個人必定是蒙了上天給予的福氣。

當我看著女孩津津有味地品嘗她的冰淇淋時，最後一班通往市區的公車也悄悄從我們的身旁駛過……

「啊！糟糕了！」我不小心尖叫道。

「怎麼了！？」女孩似乎是被我的語氣嚇到。

「剛剛的那一班公車好像是最後一班開往市區的公車……」我帶著一種尚未從慌亂中平復過來的心情說道。

「那麼……我們現在該怎麼辦呢……」

「要不然……」我有點半放棄思考且不知所措地說：「試試看用走的回市區吧……」

第四章　夜間廟會

天色漸漸暗了下來，眼前的路卻遙遙無見市區的燈火。

我和惠眞沿著來時的公車路線往回走，已經約莫有十來分鐘了，這個過程中除了我有時三心二意看看路線周邊的景色而發出的無意義語句之外，幾乎沒有和惠眞有任何進一步的交談。

「對不起……」看著面無表情默默走著的惠眞後，我撇過自己的臉說道：「這次的旅行有太多東西沒有事先規劃好，造成了妳的麻煩……」

「你不用道歉！」惠眞反應極快的打斷了自責的我：「我說過是既然是我答應要跟你一起來的，那麼不管發生什麼事情你都不需要道歉，這是我個人的選擇！」

「但是，我擔心這樣走下去你會非常疲憊的……」我感覺自己已經語無倫次了……「如果妳眞的很累的話，我們可以先停下來休息……」

「不用休息！你也不要一直感到自責，這些都沒有意義，我們只需要快點想辦法回到火車站……或許待回路上如果有計程車的話，就馬上攔車上去……」惠眞的臉依然沒有正面對著我，就連眼神似乎都只是直直線前看的。

看著惠眞焦急的背影，有時甚至可以感覺到她正因為當下這窘境以及剛分手不久的打擊，而非常努力的去壓抑自己泛紅眼瞼裡的淚水。我不知自己是以什麼樣的身分如此偶然的陪在她身旁，或許就只是普同朋友，又或許是失戀後暫時填補空虛感的存在。總之，我確信此刻的自己絕不是所謂的「男朋友」那樣的存在。

不知道又走了多久，在通黑的夜景中漸漸形成一明亮且清晰的巨大身影，彷彿黑夜大海中的一座金光閃閃的孤島。伴隨著吵雜聲、由高分貝戶外音響撥放的電子音樂以及此起彼落的煙火、爆竹，映入眼簾的是一座約莫三、四層樓高的傳統廟宇，此時正在舉辦遶境的廟會活動。穿著民俗漢服的幾位年長者穿插幾位身穿印有宮廟名稱的白色上衣的強壯年輕人扛著載有神明塑像的轎子正在廟堂前的廣場前後搖擺著進行著進入廟宇前的儀式。前方還有五位畫花臉、赤裸上身、手持各式長兵器的八家將同時踩著有節奏的步伐進行儀式性的表演。其餘圍繞在儀式廣場之外的一群群的如同中南部都市常見的小混混那種模樣的黑衣群眾以及電子花車和開者車門大聲撥放音樂的改造汽車。

我被這樣既熟悉又陌生的場面嚇得些不知所措，一方面驚嘆於鄉下廟會的熱鬧，一方面有恐懼於徘徊在周圍看來凶神惡煞的人群，做爲一個手無寸鐵的外鄉人，難保自己不會如同過去新聞上常有的事件那樣被地痞流氓給纏上。

「我們可以在這裡稍微駐足一下下嗎？我想好好欣賞這個廟會儀式的表演。」惠眞帶著這次旅行爲止唯一一次既期待又興奮的表情說道：「這是我第一次這麼近距離的欣賞宮廟的儀式表演，對我來說這是非常特別的，在台北幾乎很難遇到。」

「不好吧……」此時我的目光仍然警界著廣場周圍的黑衣人群：「萬一那些黑衣人傷害我們怎麼辦，就像新聞常報導的那樣……」

「爲什麼要傷害我們呢？我們既不像有錢人，而且我們也沒有要挑釁他們，他們怎麼可能會傷害我們呢？」惠眞帶著打從內心的疑問對著我說道。

「總之我覺得這種場合不太安全……」

「你就是這個樣子！」惠眞帶著有些不耐煩但有要按耐住性子跟我解釋的語氣說道：「你總是在想著要怎麼樣保護自己，總是想在認爲自己負擔不起責任時急著逃避。就連道歉也是，你的道歉就像做錯事的小孩子急著用這句話來彌補自己造成的後果，還不是眞正泰然自若地去處理它。作爲你的好朋友，我一定要把這個缺點告訴你才行。」

「……」

「放輕鬆好好看一下著場表演儀式吧！不要再想那麼多了。」惠眞又從剛剛嚴肅的神情轉爲逾越看著前方：「我高中時的歷史老師常常要我們有機會參加廟會活動時就好好感受一下廟會的熱鬧以及參與地當人們那種開心自由的心情，老師總是說對一般台灣人而言廟會活動才是眞正的歷史，而不是課堂教室裡學習的那些知識。」

隨著女孩專注、興奮的臉龐，我也順著那股視線將注意力轉移到廟會廣場正中央的儀式上。雖然不時的還是會將注意力飄往黑衣人身上，但看著看著，似乎有某些感覺與記憶正從我的腦內甦醒，那是非常久遠的事物，在我尚未上小學並被受託給祖母照顧時的事情。

當神明的轎子進入了廟宇當中，周圍的人潮、音樂、煙火也都逐漸的消散，直到這時我和惠眞才帶著有些滿足的心情離開了現場。

距離廟宇兩個路口的地方是一條車水馬龍的大馬路，我和惠眞剛剛到達馬路的路口時，便發現對象停紅燈的車陣中有一輛空車的計程車。於是我們趕緊腳步奔向眼前的計程車，但或許是因爲腳步過於急促，惠眞被地面給絆得重心不穩、快要往前傾倒……

「我抓住妳了！」在心裡揚起這句話以前，我的手已經緊緊抓住惠眞的手，那隻我癡心妄想的心上人的手，在這瞬間根本無暇去理會那種多餘的想法，就只是本能地出於幫助身邊的人而緊握住她的手。但即時如此，惠眞的手提包仍隨著不穩的身體而掉落地面，裡頭的各式物品灑落在馬路上。我趕緊跟惠眞收拾在地上散落的物品，那句又差點說出口的「對不起」硬是把它從喉嚨塞了回去。「趕緊去來住計程車吧！不要在說沒意義的話了」在紅燈結束之前，我們總算攔下了車子並做了上去。

「到台南火車站去」跟司機說完這句話之後，我便將頭面向窗外，靜靜地思考剛剛在廟會甦醒的記憶，那是我與祖母以及故鄉童年的記憶。

第五章　貝德麗采

我的祖母在去年夏天過世了，那是一個溫暖且安靜到有些過份的午後。直到祖母過世後我才開始意識到從青春期以來就胡亂衝撞的我，也不得不面對永恆的童年消逝，並且被死亡追趕而上的那種恐懼和警惕。對於直到進入小學前一直由祖母照顧著的我來說，祖母本身就象徵著永恆的童年，在祖母照顧著的那段日子裡，時間不是一去不復返向前流動的，而是日復一日的面對白天與夜晚，以及年復一年的四季變化，彷彿世界的運作就是如此單純而較人放心。祖母家附近的東北龍王宮是我小的時候最常去的娛樂場所，時而坐在廟庭前面的盪鞦韆上，看著比自己身高高十倍左右的巨大神木，透過枝枒、樹葉穿透而來的光線如同稻田初長時期映照在水田上波光粼粼的太陽光線，又或著是坐在廟門旁小型石獅子背上，看著遶境神轎伴隨喧鬧的鑼鼓與鞭炮聲跳著儀式舞蹈，每一個當下被認爲是永恆，環繞在了童年的世界裡。

上了高中以後，我漸漸地發覺自己有了「憂鬱」的情緒，不只是因爲自己的興趣或課業隨著自己的年齡漸長，不再能夠和同學們那麼的「相同」，另一方面也是意識到時間開始將自己推入了一個「未知」的領域，而自己卻連「要如何面對未知」都還沒練習就硬是被強硬的吸了過去。在同一個時期，一向被我認爲是相當強壯的祖母開始因爲各種毛病而長期坐在輪椅上無法順利地行走，母親也漸漸因爲更年期的到來而無法像以往那樣長時間的照顧自己、處理自己一直沒有學會處理的大小事情。那時的我有時會希望自己能夠突然死掉，這樣我就不用在面對那些即將到來的未知或甚至是可以想像的恐懼。「有誰可以一直陪著我、給我穩定的安全感？」或者「有誰可以告訴我未來該做什麼或得到什麼才能解除這無盡大的焦慮感。」這些都是我在高中乃至剛進入大學時不斷在內心吶喊的問題。「要如何才能得到救贖呢？」

「惠眞……妳認爲一個人到底是要選擇平平庸庸、渾渾噩噩過個自己不確定的人生，還是選擇做一件能被歷史記載下來的轟轟烈烈的偉大事蹟後就此死去或事墮落？」在計程車上，我輕輕地在惠眞耳邊問道。

「……」惠眞對我這突然的問題驚訝道而思考的三秒左右說道：「老實說，我並不能理解你所謂的平庸和偉大到底指的是什麼，甚至我認爲這個世界根本不應該區分什麼事情是絕對的偉大，什麼事情是平庸的，對每個人來說這個標準是不一樣的。一個人就是好好地把自己當下的生活過好那就行了，盡量讓自己快樂或滿足，那就行了！」

「但是妳不覺得在這種不確定的人生之下，我不如就把一生投注在一件偉大的事上面，還比較有安全感一點！」被惠眞的回應刺激到的我帶著有些無助與激動的心情反駁道。

「就算你眞的去做了那些你所謂的偉大的事好了，你的日常生活依然存在，你還是要面對它，並不會說你做了那些事情以後，日常生活的各種煩惱就煙消雲散了。」彷彿是被我這個生活白癡般的對話弄得有些不耐煩了，惠眞再次帶著有點教小朋友的語氣說道：「就像是幾個月前剛剛失戀的我，不可能就像個廢人什麼生活大小事都不管，對吧！？否則我也不會跟你來台南應付課堂的作業了。人是要不斷學習面對痛苦和思考解決辦法的，這才是眞正的人生啊。」

我嘗試把那股想要繼續爲自己的焦慮進行反駁的心情壓抑了下來，沉默地看著前方車椅背上計程車司機的個人資料，然而心神漸漸地又回到了祖母過世的那個場景。

祖母出殯的那一天來了好多的人，有些是熟識的親戚，有些即便我兒時見過也記不太起來到底是誰。只是讓我感到驚訝的是，我那一個給人感覺封閉固執的祖母，居然也能在人生的最後一站中得到那麼多人的感念。記憶中的祖母就只是一位爲了自己的兒女和孫子不斷奮鬥，過著和平凡的傳統農婦沒有兩樣的生活的普通婦人，這樣的祖母雖然說不上是「世界等級的偉大」，但或許在自己的子女或兒孫心裡至少是「偉大」的，這樣的偉大並不是說祖母如何的犧牲奉獻自己，而是努力的把自己的人生給過好，就足以讓兒時的自己說一聲：「阿嬤好厲害喔！」

想到這裡，我不禁開始對那未知的未來有了一點該如冷靜下來看待的心裏想像，即便那樣的想像還不夠具體，也有可能需要再幾次的練習和挫折之後才能掌握，但我總算感覺到自己已經穩穩地踏在通向未知的第一步上。

「謝謝妳，惠眞，我大概清楚妳的意思了。我會好好享受自己的人生的。」

「不，沒有這麼簡單呢，享受人生也是非常困難的，就連我都無法完全做到，還是有些痛苦呢。」

「但至少妳讓我能夠想像在怎麼踏出第一步了，妳就像貝德麗采一樣給我思想的引導。」

「貝德麗采！？你指的是但丁《神曲》的女主角嗎？我可沒這麼偉大，人生還是要靠你自己。不過，這是你這趟旅行下來我唯一一次覺得你很會說話的地方，你可要常常練習阿。」惠眞轉回了輕鬆微笑的表情。

不知不覺中，車子已經到達市中心了，街道上五光十色的燈我照入車中，也將眼前的惠眞臉上塗抹一種神聖的光彩。

「差不多要準備下車了。」我說道。

第六章　永恆回歸

回到台中的車票已經沒有座位了，但是眼看著惠眞有些焦急的神情，最後還是決定買下十分鐘後抵達的下一班自強號列車的自由座車票。

在月台等待列車的過程中，不時會注意到惠眞不停地看著手機上的時間，又時而時發發送 line 訊息給手機中的聯絡對象。

「看妳一直不停地注意時間，是不是有時麼事情急著要回去呢？」我禁不住好奇的問。

「對阿，我的一個朋友今天要在宿舍舉辦生日派對，所以我必須在九點以前想辦法回去，不過看現在這樣我也只能跟他們說我十點才能趕上派對了。」惠眞依然盯著手機螢幕說道。

現在的時間已經是七點多了，從台南到台中的自強號也要花上兩個半小時才能抵達，更不用說從台中火車站搭車到達學校宿舍也要一個小時左右。這完全是打壞了惠眞安排參加派對的行程，心理不由得對她感到非常的抱歉，只是擔心又要挨她的罵而忍住不說出口。

「……」

「我知道你現在內心一定十分愧疚，但你不必這樣，這是我的選擇，我也應該要承擔這樣的代價。」彷彿是一位母親看穿了孩子眼神中的想法，惠眞對我現在的心理狀態基本上已經瞭若指掌了。

火車抵達後我們立馬走上自由座乘客專屬的車廂，祈禱著車廂內還留由一兩個空的座位。只是天不人願，車廂內不僅已經沒有座位了，就連走道都站滿了人，有的人甚至在車廂與車廂間的連結空間處席地而坐。我跟惠眞只好縮在一旁原先是用來放置單車的空間站著，我讓惠眞站在能夠倚靠在車廂牆壁的位置，好讓她在腳酸時能夠有的地方分散腳部的壓力，自己則將自己最爲隔絕惠珍與擁擠人群的那道牆，兩人就面對面的站著。

火車行徑間，環視著整個車廂內，有許多面孔都是來自東南亞的外籍勞工，同時也有很多皮膚黝黑感覺是長期從事農業或低級勞動業的中老年人口，像極了印象派名作《三級車廂》內的景象。在接下來的兩個多小時內，惠眞時不時開眼神放空看個車窗外黑漆漆的景色和車內倒影，時不時又撇過頭去擦拭自己泛紅的眼睛。有時，惠眞會接到幾通來自她朋友的電話，從微弱的電話聲中可以聽見有男有女的聲音，惠眞只是不停地向他們說聲抱歉、出了意外之類的回應，又不斷說到火車大約在九點多抵達台中火車站。

「那就麻煩你了。」火車即將到達台中時惠眞是這樣結束電話的對話內容的。將手機放回手提包裡時，惠眞帶著那有些刻意的笑容對著我說道：「待回我的朋友會直接來來車站接我，我們就在月台出口分別吧，你自己回去路上也要小心喔。」

「嗯……」不知道是因爲疲憊，還是因爲被這有些突然的分別預告弄得不明所以，我只能如此簡單的回應她。

火車到站後，我們隨即下了月台。

「掰掰！」惠眞露出來一抹輕鬆地微笑之後，便向我到了別。只見她走向出口位置的人群裡，有一位身高約一米七、身穿棕色皮衣和深藍牛仔褲、頭戴黑色防風鏡全罩式安全帽的男性站在那裏盯著她看，似乎就是來接她的「友人」。或許，惠貞也已經找到了克服她面對當下不安的那個「方法」了。

帶著極度疲憊的身軀坐上通往學校的公車，一路上精神恍惚，甚至有幾次還感覺自己睡著了幾秒。

下了車之後，看著前方一望無際的校園外圍牆走廊，必須要走完才能抵達自己的租屋處。剛開時只是慢慢地走著，想讓自己的身體即使在行走下也能處於半休息的狀態。後來腦中漸漸回想起今天這次旅行的種種，包括兒時與祖母的記憶。我在想，人生或許就是這樣，當你原本只是照著自己不得不應付的事情或者感覺走時，你踏出來第一步，但這一步之後總不會隨著你預想的那樣進行著，你可能會受挫或者不知道第二步以後該怎麼走，就像今天旅行中的各種意外，有些意外可能可以馬上處理，可些則害你繞一大圈子，有些甚至讓你一無所獲。但是，至少你還活著，只要你還活個那些未知的事務就會繼續像你襲來，你同樣還是要用盡各種方式取處理那些不斷襲來的未知，直到生命將盡以前如此往復循環著。不管是惠眞、祖母還是火車上通勤的勞工們，乃至宮廟，甚至整個台南社會，無不爲了自己的「存在」而不間斷的處理應付眼前的未知，經過一個月、一生甚至上百年的時光，形成了她們自身獨特的「歷史過程」，也就成爲了她們自己。

想到這裡我不禁奔跑了起來。越跑越快，越跑越快。刺骨的冷鋒也無法掩蓋我炙熱的意志，管它惠眞是不是又交了別人當男朋友！管它我未來是否交不交得到女朋友！管它那些未知的事物能夠如何挫折我！我要一直跑！一直跑！一直跑！就像每一步都在抵抗地心引力那樣，即使不小心跌倒了，只要沒死就站起來繼續跨出每一步！直到被風吹得沙沙的樹聲不再被聽見，直到黑暗不再阻擋著前進，直到生命的盡頭，直到我的步伐同那頭頂上的日月星辰那般轉動著……

後記

自從我和惠眞在台中火車站分別以後就再也沒有單獨相處或說過任何一句以上的話或者兩人一起去任何地方旅遊了，我們之間的戀愛緣分在那次旅行之後已經結束。如今也已經過了十年之久，現在的我依然單身，雖然在這期間也追求過不少女性，也曾有女性向我傳遞一些渴望進一步交往的暗示，但總是沒有一個眞正成果的。當然，這並不代表我從那次旅行以來在與異性交往這方面就沒有任何的進步，現在的我在和年齡相近的異性交談時已經不太會有緊張、不知該如何接續話題的尷尬感覺，至少不讓哲學、歷史或政治這些幾乎不會成爲一般女性生活話題的事物不小心從我狂熱的嘴巴裡流出來時，和女性間的談話都還是很順利且不冒犯的。另外，那次台南之旅以後我也對生命的哲學問題產生了熱情，爲此還在大學畢業後報考了國立大學的哲學研究所。然而，學院處理哲學問題的做法依然解決不了我對生命意義的疑惑，因此在辛苦的完成我的碩士學業後便不再繼續攻讀博士。現在的我在服完義務兵役後回到了家鄉在父親的公司底下學習，這裡是我年輕時不斷想要逃離面對未知壓力的地方，如今這裡的一切都成了一種撐起自己生命往前走的責任。公司距離祖母家非常的近，這裡雖然因近年工業化需求加劇，而漸漸去了原本農業社群的樣貌，但尚被保留下來的一草一木，甚至是老舊屋舍，仍然散發者家一般的熟悉溫暖。

不久之前，大學的系學會辦了一場校友會，我在那個場合再次見到了已經八年不見的莊惠眞。她的樣貌並沒有和大學時期相差太多（至少和我這個越長越寬的身體相比），從社群網站的資訊中也得知了她在大學畢業後攻讀了心理諮商的學程，並且順利地考取心理諮商師的執照，一年多前嫁到了高雄並在當地的某間中學服務。再次見面時她還是裝出那有些尷尬而勉強的微笑，而且多少有點小心著聆聽我所說的每一句話，似乎是害怕著我隨時可能講出任何讓她沒有心理防備的尷尬話語。

我：「妳現在在高雄工作、生活還可以嗎？我一直很嚮往在南部生活，總覺得那裏的步調舒適，而且人們的生活也比較不會那麼刻意拘謹。」

惠眞：「喔，我現在的工作非常疲憊，不是說事情很多很忙的那一種，而是因爲接觸個案所造成的心理壓力，而且諮商師比起老師在工作上更不受保障，還要擔心自己能不能被續聘的問題。不過環境的部分就像你說的，比台北舒服太多了，我眞的很喜歡高雄。」

我：「我也很喜歡高雄，跟台南一樣都很喜歡，我在取得碩士學位後的那一天還自己騎著機車一路衝到台南住了幾天。有機車在身上，總算能把台南市區的路線摸個透徹，不會再迷路了。」

惠眞：「你現在的樣子非常的健康，身體和心理都是，比起以前眞的有差。你是不是已經交了女朋友了呢？」

我：「哈，我的女人緣一向很差，直到現在還是沒交到女朋友呢。」

惠眞：「這種事情不用急，而且我相信現在的你一定知道要怎麼珍惜那個重要的人，女人的直覺一項很準確的。」

我：「聽妳那麼說我就放心了，謝謝妳！」

歷史篇

東亞極權主義的起源：近代東亞史講義

第一講　近代史的結構

對於近代史的定義，我們往往因循西方學術界的普遍認知，認爲「近代」的源自英國工業革命以及法國大革命。這樣的認知雖然因帝國主義的全球擴張而普遍適用於全世界，但對於非西方地區的人來說，這套歷史發展的過程不僅有時差性，甚至在近代的發展過程中也往往有別於西方地區的發展模式。因此，當我們在觀察非西方地區的「現代化」發展時，不能只是把工業革命和資產階級革命的直接產物（如工業化、都市化、現代資本主義、議會民主制度、帝國主義）視爲可靠的指標，而應該回歸到每個地方特有的脈絡情境，藉以說明究竟是什麼分裂了我們視爲「古代」或「傳統」的那個時代，並且持續的宰制的我們現代人的那個「宿命」。這裡我們不得不採用義大利哲學家貝尼德托・克羅齊（Benedetto Croce, 1866-1952）的歷史認識論中的粗淺看法，將一切歷史知識的建構都視作「當代性」的產物，也就是說，那些促使我們重新爬梳歷史並將歷史帶入內在理解的過程都是由當代人藉由當代經驗加以重新尋找、重新理解且重新論述的。當我們重這樣的歷史認識論出發時，便要如此問到，如今宰制著我們的現實宿命究竟為何？我們基於什麼樣的理由去重新爬梳那些對我們來說充滿意義的過去事實？同時，有沒有一套有限但明確的架構可以幫助我們統整那些散亂在我們意識之內缺乏秩序和紀律的有關過去的知識？

要完成上述問題的定義，我們首先就要確認「我們」這一認知主體的範圍在哪。很明顯的，對於我們今天的這一堂講義的內容來說，我們的認知主體即是當代的台灣公民。然而，僅僅只說台灣公民或許會讓人誤以為是具有合法「中華民國」身分證的「國民」，卻忽略了在我們這一堂超越「純粹知」的課堂內，還具有認知主體的實踐意識對過去之知識有意義的組織和理解。因此，在這堂課程正式開始之前，我必須先為這一知識建構行動的基本「立場」作以下清晰的定義：我們這一「台灣人」的認知單位，不只是生活在台灣這塊地理上的人們，而是一群將台灣做為一追求獨立自治之共同體的理念而行動的人們所作出的各種知識層次上的行動主體。

有了對認知主體的清楚定義之後，我們就能更進一步通往對過去知識的統整、理解以及架構一有效認知範圍。正如同本課程的主題所揭示的，我們企圖從台灣人的角度來整理、理解及認識近代東亞的歷史知識和發展脈絡。如果從克羅齊的認識論出發，以及稍前我們對歷史認知主體的定義來做考量，那麼接著我們便要確認究竟近代東亞與當代台灣人（共同體的實踐）之間存在著怎樣的現實與過去之連結。

首先，我們要先意識到至今仍然困擾著台灣政治共同體實踐的乃是一種存在隨時將會覆滅的威脅，這一威脅則直指中華人民共和國，其以「至古以來之領土」宣稱擁有台灣之主權，並且以經濟和武力不斷侵擾著台灣人自日本殖民時代萌芽、中國國民黨獨裁時代明朗化乃至民主化以後逐漸奪取國家機器主權的「台灣民族共同體」。這樣一個從萌芽到漸漸成熟的民族共同體發展史同時也是我們做為實踐意義上的台灣人的「現代之宿命」。於是，這裡我們已經知道了台灣認知主體的「近代史之起點」，也就是從日本帝國殖民代台灣透過殖民地行政機器區分了「身為殖民者的日本人」以及「身為被殖民者的台灣人」開始，而對於台灣人來說在近代東亞中的「主要他者」則有日本帝國以及來自東亞大陸上的中國國民黨政權和中國共產黨政權，台、日、中成為台灣人的東亞近代史上的三大主角，而作為「經典現代性」（工業革命和資產階級革命的直接產物）的西方諸國成為了這部英雄史詩背後若隱若現，卻又充滿決定性的眾神。台灣共同體在這樣的近代環境中不斷地與外部進行鬥爭與融合至今，而對於「台灣非是台灣人的台灣不可」這樣的現實（當代）精神理念貫串了此一辯證過程，成為了台灣人認識近代東亞發展的「軸心」，並且成為了這場歷史知識建構立成背後的「終極因」，繼續主導著台灣共同體對此一信念的追求。

以上我們已經對近代東亞史這門學問所要處理的課題範圍和內容作了界定和

描述，簡單總結，以台灣爲中心的近代東亞歷史，其起源於日本帝國形成之時（約西元 1860 年代至 1945 年），同時歷經了大清帝國的覆滅、中國國民黨崛起、中國共產黨取得東亞大陸政權、冷戰時代以及蘇聯政權倒台後的東亞新變局，而鎖定的焦點主要在台、日、中三「者」之間的互動，而其餘的國家、世界局勢或者「非政治性」之因素則作爲補充觀察或者視詮釋之必要而加入。

第二講　近代秩序在遠東的輸入

東亞走向近代化的契機乃在歐洲社會自十五、十六世紀以來的殖民運動，並在十八世紀以後走向帝國主義運動，然而不論是殖民主義還是帝國主義，西方向全球的擴張都都不是哪個強權打從一開始就對全世界所進行的「擘劃」。「殖民」與「帝國」並非西方世界獨有之產物，而是自人類有歷史以來，就不斷循環出現的一種人群組織與征服自然之模式。從原始社會的觀察研究中，我們也可以發現，在某個時空之下的一個或數個部落，透過不斷遷徙以及人口在與環境鬥爭中順利成長為一個巨大的聯盟，這樣的聯盟仍舊需要為了生存或過上好日子而不斷向外界征服，於是有的聯盟部落透過戰爭征服或外交合作殖民了原先非聯盟之部落或人群，而有些聯盟部落則在遠方某個物資充沛的角落選擇建立殖民據點，一方面將據點的剩餘物資送往聯盟所到之處以換取更多利益，另一方面也管理起了這塊「人跡」未至的新天地。從古至今，不論在世界的哪個有人群存在的角落，這樣的從部落到聯盟到帝國，不斷向外殖民的歷史事件時不時地上演，即便是現今的社會，那被我們稱之為「全球化」的經濟貿易與國際政治之活動，也依然依循著這一模式發展，只不過是將原本的部落聯盟改稱為「西方」、「文明」與「現（近）代」，而將非聯盟的人群或自然環境稱為「新大陸」、「野蠻」、「落後」與「第三世界」。

西方社會向世界各地的擴散與殖民過程可以視爲是一個名爲「西方」的部落聯盟在經歷了將近一千年從混亂到組織成熟，並從盤踞在亞洲的另一巨大部落聯盟中掙脫出來，透過大西洋、印度洋及太平洋的路徑，找到了尚未被任何強大的部落聯盟或具有頑強抵抗力的人群所佔領的諸多新天地。於是全球各地的資源經由貿易或戰爭開始引入西方社會，同時也改變了西方社會從中世紀以來維持的組織型態：中央集權國家出現、資本主義經濟模式興起以及工業化—民族主義—帝國主義三位一體的現代多國體系出現，成爲了我們現今所熟知的「現代性」條件之基礎，也就是「近代秩序」的開端。

東亞社會的近代化不外也是西方近代秩序向外擴張發展的一個環節。在台灣，近代秩序的輸入首先由近代早期向海洋開拓的荷蘭與西班牙等國帶來，透過對殖民地的經營，將台灣帶進了歐洲的全球貿易網絡之中，即使在鄭成功殖民統治的時代，這條貿易線仍舊經由與日本及英國商隊公司的軍火貿易而維繫著，直到盤踞在東亞大陸上的大清帝國壟斷了台灣一切政治與經濟統治權爲止，約有兩百年的時間被隔離於近代秩序之外。大清帝國在東亞大陸上的統治是另一種部落聯盟向外擴張進而形成帝國秩序的過程，徘徊在東亞大陸周邊的各民族部落聯盟透過佔領早在公元元年左右就已爲秦、漢帝國所打造完成的中央集權國家官僚制度，來統治整個東亞社會及其周邊民族。十九世紀前半葉英國藉由一系列貿易戰爭將東亞大陸拉近近代秩序後，原先的東亞秩序連同清帝國也逐漸走向衰弱，同時台灣重新回到了近代秩序之中。日本社會則是在德川幕府作爲部落聯盟共主所主宰的秩序中度過了兩、三百年的時光（僅留有部分藩國作爲與近代秩序交流的窗口）後，隨著原本的東亞秩序開始崩解而有了「多藩」爭相加入近代秩序當中以擴張或保護其原先統治權力，最後才由以明治天皇爲首的新秩序聯盟打倒了以德川家族爲首的舊秩序聯盟，並走向了現代民主國家式的編戶齊名集權統治以及與西方帝國主義聯盟看齊的帝國主義運動，透過戰爭將朝鮮與台灣從清帝國秩序中抽離，納入到日本帝國的秩序之中，並開始了新一輪的殖民運動。

在東亞社會進入近代秩序的過程中，必須要注意的是，不論是清帝國還是日本，由西方擴張而來的近代秩序總是凌駕在她們之上，不論她們本身透過直接統治發揮了如何的「次秩序」統治，永遠也都逃離不了近代秩序的統治，近代秩序與全球其所能及的各地秩序都是「共時性」的。因此，在我們考察近代東亞社會時，如果膚淺的認爲某一強權是能夠純粹地對其領地進行秩序輸出而不受近代秩序的影響，那就容易造成我們對東亞各方勢力所才取的博弈策略有錯誤的歸因，進而導致我們陷入了「只有『東亞』而無『近代』」的觀點，如「台灣只有殖民鬥爭」、「東亞大陸總是受近代帝國壓迫從沒與之和諧的可能」以及「日本只是近代帝國的成功仿效者」這種破碎而無法順利鑲嵌入「近代敘事體系」的歷史思維而已。

第三講　日本帝國主義與亞洲現代化運動

在上一講當中我們稍微提到了十九世紀帝國主義在全球的現代化方面所帶來的變革之內容，而日本做爲亞洲唯一晉升歐洲帝國主義列強之列的國家，其主要使命便是透過模仿歐洲帝國之殖民政策和外交活動模式，已達成日本帝國在亞洲的地域稱霸。

泛亞主義作爲日本帝國早期的外交理念，其實質類似於英國的白人之負擔、法國的歐洲啓蒙運動、德意志帝國的泛日耳曼主義以及俄羅斯帝國的泛斯拉夫主義，這種尋求地緣政治的共存共榮之理念，是幾乎所有十九世紀帝國主義國家在合理化殖民主義及對抗其他帝國地緣政治干涉時所經常提出的外交政治綱領。由於帝國主義往往不具備穩定的民族國家政治邊界，因此對地緣政治主導權的爭奪往往成爲政治外交的重中之重，同時帝國本身對地域資源的整合，也更進一步強化了帝國資本主義的發展以及行政官僚資源的集中，無意間也促成了帝國主義國家的「民族主義化」。這裡我們可以看到十九世紀帝國主義的基本結構：殖民主義—現代資本主義官僚—民族國家三位一體，彼此之間難以分割，在運作上環環相扣成爲一個帝國的整體。日本的泛亞主義同樣是由亞洲殖民地或半殖民地—明治政權下的政經結構現代化—日本大和民族國家的整合三者相互組成的帝國之理念，這一理念的實際操作當然是由東京的明治政府一方面透過一系列現代化政策穩固中央集權的地位，同時又由東京向亞洲各地進行擴張且與歐洲列強透國國際外交的方式一步步成爲帝國主義在亞洲不可忽視的秩序維護者和合作夥伴（原是由清帝國暫時扮演這樣的角色）。

然而，亞洲在由日本主導的地域發展影響之下，不可能如同清帝國與歐洲列強共治時期的東亞，只考慮到貿易據點的經營和資源的收刮。日本在亞洲發揮的影響力更如同英、法在歐陸所帶來的政經革命，或是普魯士王國和奧地利王朝在東歐諸國所帶來的秩序和現代化運動，地緣政治的戰略重要性高低往往會讓帝國本身對影響地域有成正比的資源和精力的投入，這也是爲什麼對香港資本的投入是在大英帝國失去了印度、東南亞主國以及上海後才開始有大幅增加的，而台灣作爲日本地緣政治戰略中心，自然也就越需要投入更多遠超英、法還外殖民地的資本人力來經營的緣故。

日本對台灣積極的殖民政策，並不是如大多數歷史學家所認爲的，僅僅是將殖民地本身當成現代化的實驗場，而是在清帝國滅亡以後的秩序眞空期，日本帝國必須將整體的現代化技術快速投入自己所能控制的亞洲區域，這樣才能在最短的時間內以最少的成本取得日本在亞洲的優勢。台灣、韓國成爲日本在這場亞洲地緣政治博弈中最直接的受益者，成爲了亞洲現代化運動的第一現民族，許多歐洲帝國最先進與最經典的器物文明和文化知識幾乎是以「共時性」的形象進入日本、台灣及韓國，彷彿這幾個民族也稱爲了「歐洲文明」的成員之一。中央研究院台灣史研究所研究員陳培豐博士在他的著作《同化的同床異夢》之中將台灣人渴望透過日本所帶來的現代化技術而擠身至西方帝國文明之列的夢想相當鮮明的表達出來，也反映了日本帝國在晉升全球帝國秩序之林以及亞洲地緣政治經濟主導者的成功。

日本帝國在亞洲所發揮的主導作用甚至到了第二次世界大戰以後都仍然持續影響著，戰爭期間的帝國成爲與蘇聯和美國爭奪亞洲各民族解放者的角色，除了受蘇聯支持下的中國國民黨和中國共產黨統治或統戰的地區外（多半東亞大陸內入及南洋華人地區），日本帝國幾乎給予各民族獨立的規劃，而部分南洋國家（如印尼和馬來西亞）也在戰後透過日本軍隊的組織訓練和憲政技術在原殖民母國的同意下走向獨立。不僅如此，即使在戰後軍隊在美軍的主導下縮編成自衛隊以後，在經濟方面仍然對亞洲地區有著不少影響，舉凡工業的機密機械技術、汽車製造或著是文化產業的飲食、戲劇、電玩遊戲、動漫商品乃至衣著服飾等日常用品直到現今依然被亞洲地區的人們認爲是「高級品」的代名詞。日本帝國今日的成就是從一系列的鬥爭和機會中一步步完成的，首先從十九世紀中期，透過西方文明技術的輸入初步完成了民族國家統合的內戰，隨後又在清帝國與俄羅斯帝國陸續解體後的亞洲眞空地帶透過帝國主義的方式填補起來，並成爲西方文明秩序在亞洲的代理人兼領導人，最後，即使二戰失敗淪爲美國在亞洲秩序的附庸，仍然在文化、經濟方面具引領全亞洲的地位。日本的成功不全然在於其特殊的民族性或傳統文化，而是在每一次地緣政治秩序發生變動的當下都能相當機警地投入新的國際政治博弈當中，或許是天命也或許是偶然，日本帝國與其帶來的「亞洲現代化運動」已經成爲了現今東亞各民族的一部分，深深地嵌入了東亞近代史的發展當中。

第四講　冷戰地緣政治的形成

今天我們所碰到的大多國家或國際上的重大議題，其實都是冷戰時期的地緣政治所累積形成造成的結果。所以，當我們要探討將來也將繼續影響著我們的那些重大議題時，那麼不論我們多麼刻意地避免「歷史性」的陳述，倒頭來也一定要把東亞這六、七十年來的東亞歷史變遷納入考量，才有可能避免自身陷入空中樓閣式或者格局判斷錯置的狀況。

東亞的冷戰地緣政治形成始於第二次世界大戰以後美國與蘇聯在東亞試圖填補日本帝國的地緣政治眞空而產生的競爭性局勢安排。同時，冷戰的開始也伴隨著當代第三世界民族國家的興起，這波國際政治浪潮才是我們今天所能觀察到的國際政治生態，與十九世紀和二十世紀初的帝國主義時代的國家政治結構已經有了根本性的改變。觀察台灣、日本、中國在這六、七十年的轉變及互動，我們也就能清晰地建構出整個當代東亞地緣政治的清晰輪廓。

日本在第二次世界大戰投降之後接受了美軍的和平憲法安排，在地緣政治的主導權上完全讓由美國主導，幾十年來日本除了經濟與文化仍對地緣有強大的輸出能力之外，在國際政治上幾乎不在有直接介入的能力。對日本政治的觀察可以說是對美國在東亞與地緣諸勢力的互動之指標，不論是韓戰、越戰，還是對中國之關係，日本的政治界或知識界之意象都只能處於模糊曖昧的表態，而其軍事行動只能視為美國外交政策的延伸。

台灣在戰後被盟軍安排由中國國民黨代表的中華民國政權託管，不論法理上台灣是否屬於中國政權所擁有，在幾十年的地緣政治安排上，台灣同日本均屬於美國為防堵來自東亞大陸的強權而構築起來的軍事屏障。台灣民族主義的崛起雖然在冷戰時期並未成為東亞地緣政治中的重要議題，卻是由其遺緒逐漸演化成今日台灣主權與民族認同接近完全邊界統合的狀態。相較於東南亞諸國，台灣民族認同的形成起源於中國國民黨政權對在地人的獨裁壓迫所導致。從日治時代開始，台灣人的文明和文化體驗就已和東亞大陸諸人民有明顯的差異，這使得二二八事件以後，台灣人為了取得推翻獨裁政權的正當性，將戰後來自東亞大陸的政權及其附隨者與在地被統治者的文化認同發明為中國人與台灣人兩種不能相容且互相對抗的概念（身為統治者的國民黨則不斷嘗試將中國人與台灣人發明為相容的概念）。最後，台灣與中國相互對立的概念也在冷戰結束後成為大眾民主選舉中用來組織選民的重要手段，其中誕生自軍事戒嚴末期的最大反對黨民主進步黨取得此一概念中台灣方的最主要政治代表，並將國民黨與隨後崛起的中華人民共和國當作中國此一否定性概念的具現化對抗著，反而使得原本冷戰時期國民黨代表台灣、代表美國、代表西方文明世界的局勢轉變為由民進黨代表以上勢力，而國民黨則論為中國勢力的代表。

中國（或稱中華人民共和國）在冷戰時代幾乎等同蘇聯的附屬（就如同國民黨的中華民國等同美國附屬），除了在史達林時代結束以後，毛澤東有意將中國升格成東亞革命勢力的主要輸出國，並與蘇聯競爭東亞革命的主要地位，但中國在世界革命的重要性始終不如蘇聯的十分之一。然而，正是毛澤東統治下的中國有意取代蘇聯在東亞的地位，所以在毛的政治生涯最後成了美國極力拉攏統戰的對象。毛與蘇聯的競爭革命，不只爲了日後的「新中國民族主義」鋪好了道路，也意外爲日後接受美國全球化政策而富裕的「改革開放」鋪好了道路，日後兩個冷戰時代博弈的結果則會相互輝映成爲「中華民族偉大復興」的基礎敘事。

有關冷戰地緣政治的敘述我們或許也不必贅述太多，畢竟我們仍然處於冷戰時代的遺緒，只要細細挖掘，要理解冷戰時代實在不是什麼太過困難的事情。最後，值得稍微提點一下的地方則是有關冷戰地緣政治所帶來的經濟效應問題，這個問題在大眾民主興起的時代往往成爲人們爭論不休的場域。有關東亞地緣經濟的問題，首先要點破的一點是，在美元成功取代黃金成爲國際貨幣體系的基礎以及冷戰美國軍工產業在世界各地布局的形式形成以後，任何地緣經濟的崛起都無法忽視美國在其中所造成的影響力，那些將某國在冷戰（之後）時代經濟快速成長、社會快速繁榮的論述歸功於該地政權形式或社會制度或古老文化的基本上都是只見泡沫不見河海流動的論述。在東亞，美國影響下的全球產業鏈首先發達於第一線對峙共產世界的國家裡，許多的國家之經濟現代化均受惠於美國產業的初級代工，除了日本擁有帝國主義時代所遺留的經濟競爭力之外（部分國家亦靠著日本帝國時代的基礎建設配合冷戰產業鏈而發達，如台灣、韓國），其餘的二十世紀後半新興國家多半附屬於美國經濟（前英國殖民地則一半附屬於英國）。對全球化時代經濟的判讀不能只停留在各國 GDP 或產業優勢的發展，其地緣政治的從屬性才是必須考量的重點，眼下我們所面臨的美中冷戰局勢也勢必將影響前二十年來東亞經濟發展的趨勢，台灣重回戰場的第一線，政治經濟重要性提升，外資加碼投資，掌握全球產業重要代工（台積電），甚至在國內疫情爆發時受惠於美日疫苗的快速支援，不同於前二十年尚受惠於全球化產業代工而崛起的國中，現在已成被圍困在東亞大陸內在國際上人人唾棄的國家了。

第五講　台灣民族主義與中國極權主義

本系列講座的最後一講，我們要來談談有關民族發明學的一些概念。

「民族」（nation）這一詞彙產生於十八世紀晚期的歐洲，意指人類基於歷史、語言、政治意志或文化而集合在一起的共同體，在同一時期的政治運動上也相當流行將民族與國家（state）等同視爲人類群體在政治上獲得最大幸福的最佳途徑。也因此，在近兩、三百年來有關「民族國家」（nation-state）如何建構，或者如何被認識成爲了一門顯著的學問，許多的學者或政治行動者無不在追求透過「發明民族」來統合自身權力能及的統治範圍，進而創造出一個國家。同樣的，當我們嘗試從現實層面的角度去探求「台灣人」在近代以來所面對的東亞地緣政治環境時，其實我們也是從外部去發明有關「台灣民族」的一種學問。台灣民族的發明或產生正式面對者這樣一組現實情境：當中國政權急欲透過各種手段將台灣政治文化主體消滅並統合進自身的政治經濟體系時，台灣人爲了尋求自己政治上最大的幸福時，必然會將自我建構成一「民族」以對抗那些想消滅此一民族幸福的各種外部壓力。

那麼，到底是怎樣的時空環境造就了台灣人現今的政治現實，我們必須從近二、三十年的歷史中去尋找線索。一九八九年隨著蘇聯政權倒台，世界的政治經濟也經歷了新一輪的重組，「新全球化」成爲了這幾十年最重要的發展模式，其基礎可以追溯至羅納德・雷根（Ronald Reagan）時代的政治自由主義和貿易自由主義向全球擴張。美國秩序向世界輸出勝利之表象引起了政治經濟學者法蘭西斯・福山（Francis Fukuyama）提出「歷史終結論」（end of history）之假定，認爲民主政治與自由貿易在全世界的勝利是勢在必行，並且將成爲一種人類最終且最完美的政治發展圖景。然而，敏銳的國際政治學者山謬・杭廷頓（Samuel Huntington）卻已看出二十一世紀的發展並非美國秩序將全球壟罩，反而在蘇聯政治勢力消退之處產生了秩序眞空，使得每個地緣政治因其時空環境的特殊性而形塑出不同的文化聯盟或地域強權。今天，我們所能觀察到的地域強權的崛起要屬中國，一九八九年的民主政變失敗之後，注定了中國必然由中國共產黨領導的局面，雖然在美國秩序全球化的影響之下，中國政權必須放棄部分民間資本的管制，但在政府權力的穩定下，國家的結構仍然無法脫離中央極權的形式。此時的台灣則因民主化以及全球化貿易使得產業結構改變，傳統勞力產業像中國或東南亞國家轉移代工，國內則向勞動力開放人數更少的高科技技術發展。這樣的發展又隨著全球資本向中國靠攏的過程中造成台灣人才、資本反被中國吸納進去，而中共與執政的中國國民黨，一方由國家統一戰略領導，一方則在中國崛起的過程中享受統戰福利，最後造成台灣從政治到經濟均向中國靠攏，導致了長期追求獨立建國的台灣本土主義者的危機意識爆發（太陽花運動）。從國際學者約翰・米爾斯海默（John Mearsheimer）的「棄台論」到中研院台史所吳叡人博士的〈黑潮論〉，可以說是台灣精神發展史從死絕到復甦的過程。最後，在美國的全球化政策發展因國內嚴重的階級問題而產生矛盾後產生改變，二〇一六年的美國總統當選人唐納・川普（Donald Trump）上台後便是以與中國不對等貿易爲由，企圖逆轉過去的全球化發展局勢，以化解國內支持者受新全球化影響帶來的不滿。同時，隨著中國崛起，以及美中貿易衝突越發明顯，日本作爲東亞地緣政治守門人的角色也漸漸重新浮上檯面，安倍政權企圖追求日本軍備正常化以及積極向台灣的援助，都在在說明中國作爲地域強權已經開始對美國秩序產生威脅，必須予以遏止才能防止冷戰以來逐漸穩固的東亞地緣政治再次鬆動。

這就是我們當下所面臨的政治現實，它促使我們必須重新思考台灣在整個東亞社會中的地位，並且在認識到此一歷史脈絡的發展以後更進一步找到凝結台灣社會的共識以及創造新的思想與活動空間。這是一個需要台灣人團結奮鬥的時刻，透過歷史的建構與認識，找到當下「民族之理念」的所在，最終，在歷史的精神動力學之推波助瀾下，漸漸地和中國之吸納的「極權主義」產生分歧、遠離，最終達成民族政治的獨立，也就是「建國」，也就是民族之「至福與至善」。

附論一　台灣憲制：從近代東亞史看台灣民族內涵之形塑

每個民族或是政治共同體都能在特定的時空環境之下去發掘出他們本身的特性，這樣的特性或許也可以被稱之為「民族性」。然而，僅僅用民族性來概括民族與政治共同體的具體特色，反而容易錯失了更一步從時空條件捕捉其誕生與成長的明確過程。於是，「憲制史」（consititutional history）的考察或許更能幫助我們從明確的方法論中去尋得民族性有關的蛛絲馬跡。憲制（consititution）一般容易被認為是每個國家明確記載於書面之上的憲法條文，但這些條文所反映或許說是特定民族國家在經歷了一段時期的發展以後由共同體生存條件限制與習慣話被精煉為文字的結果，不一定能深刻反映該民族特有的結構性存在，更不用說那些缺少自身語言與文字記載的民族或共同體。所以，更進一步的憲制考察必然是「歷史性」的考察，透過民族與共同體的前世今生來透析該民族與共同體從古至今形成的結構與客觀性理念，這對於各民族憲制形成的研究，尤其是我們的台灣，更是絕佳的考察方式。

當代台灣民族的形成也可以說是一部近代東亞史的縮影，民族形成的歷史並不只是發生在民族之內，它是一個與外在世界相互影響產生的結果，不論哪個民族，都是更巨大的世界歷史的投影，兩者相互一體，互為因果。從當代台灣憲制（並非「中華民國」憲法）向過去追訴其型塑的過程，我們首先就面對到「誰組成了當代台灣民族？」這個問題。民族的組成並非如一般自由主義理論家們設想的那樣是自然且溫和緩慢的過程，它們的形成常常充滿著許多政治行動武斷且刻意的打造，甚至這一打造做成也並非哪個天才政治家一手擘劃，往往是每個行動者出於面臨當下的需求而選擇的政治手段，直到這些手段造成的結果已經融入爲民族的一部分之後，才被認爲是一套自古至今「合理」發展的歷史過程。那麼，台灣民族的發展究竟經歷了那些歷史上武斷的政治行動，我們可以從許世楷到李登輝以及民主進步黨對台灣民族組成的經典定義出發（當然，他們的定義也是武斷的）：「台灣民族乃是由原住民族、台語民族、客家民族與四九移民組合而成的共同體。」這四大族群的界定也正是台灣與整個東亞世界互動之後所產生的結果，它反映出來這個民族在歷史上已然產生的既成事實以及統治者們對當下政治難題的權衡所做出的判斷。台灣在四百年以前仍是由眾多原住民族所居住的島嶼，直到荷蘭、明鄭、清帝國時代陸陸續續移入來自東亞大陸的台語和客語先驅，而後在日本殖民時代的台灣被殖民者首先被統合進「台灣人」的概念之中（至今仍有不少獨派認爲此一時代的概念會比戰後所界定的台灣人概念更能趨向集體認同的共識及穩定的政治發展），而後又因爲第二次世界大戰後，由中國國民黨及其在東亞大陸的追隨者取代日本殖民者成爲新的統治，並且透過獨裁的屠殺、鎮壓及教育迫使台灣人融入中國認同與統治的權威之中，直到上世紀八〇、九〇年代才透過大眾民主與台語民族在台灣的優勢一部部取代獨裁政府的權威，而這個過程則因政治實力不足以及民主世界的人道考量，而選擇平等接納舊政權的追隨著成爲新的台灣民族之一部分。

透過這樣的歷史考察，我們也更能理解當代台灣民族憲制的基本特質及其在現在與未來的政治環境上可能遭遇的挑戰。首先藉由大眾民主和民主世界的勝利的新政權，也就是民進黨，除非在未來遭遇實體戰爭的威脅，否則現今全球化所高取舉的多元平等和社會福利必然是台灣政治內部的主旋律，而它的挑戰者（不論是否眞心認同此主旋律）只要願意遵守基本的競逐規則（通常是守法），同樣也會以一樣的基調再加上在野黨不負責任的特性拼命向執政黨發起一波接一波的挑戰。在這種狀況下最容易遭遇的危機便是中國政權透過對台灣政治議題的操弄與統戰在野黨（不論他們是否聲稱支持台獨）的方式來搞垮執政黨，最主要的原因還是原來的獨裁統治集團並沒有完全消失，甚至多數仍在政府中擔任要職，只要這一集團想要重新奪回原本的政治優勢，必然能夠同時與中國以及各個能對執政黨提出挑戰的政治勢力合作。另外，在大眾民主政治福利國家的前提下，群眾可能會因爲無法理解政府政治的專業以及選票綁福利的心態作祟，使得挑戰者只要有心有能力操弄各種民生議題就能讓無法違背大眾民主壓力的執政者爲了不讓自己當初取得政權的正當性遭到質疑，不得不跳入有心者和無知者所設下的無底線圈套當中，使得政治的攻防戰往往是執政者吃虧，而挑戰者即被煽動的群眾有意無意成爲中國政權的帶路黨。然而，這樣的困境並不一定能對台灣民族的生存造成威脅，一方面執政黨具有絕對多數的優勢，另一方面新興都市中產階級與傳統台語民族支持者仍以對執政黨的信任占多數。最重要的是，在美中冷戰的大格局下，民進黨早已取代國民黨成爲美國在東亞的代理人角色之一，這可說是防止台灣遭受中國統戰最重要的關鍵，在美國—民進黨—台灣三位一體的結構之下，台灣民族要淹沒於中國之下幾乎是不太可能的事。分析到這裡，雖然我們目前看到台灣憲制還有許多亟待出處理的問題，但也並非是在絕對的困境之下行動，台灣民族只要能在下次必須做出武斷政治抉擇時做出對民族存續來說正確選擇而不要誤入敵人與無知者的陷阱，那麼我們的憲制就越加靠波蘭模式，越加遠離烏克蘭模式。如此，台灣要成爲一獨立且有信心的民族國家是指日可待的。

附論二　從余英時博士之死談思想史的使命與困境

「一切的歷史都是理念（思想）的歷史。」這是二十世紀初葉英國哲學家喬治．柯靈屋（George Collingwood）最著名的一句話，意指所有歷史論述的建構都離不開歷史學家自身所處的時代的影響。這句話雖然在任何一個敏銳的歷史論述者的耳裡都不過是一句等同常識一樣的話語，但對於歷史已失去了原先的使命，成為大學院校或研究機構內供相關人士把玩或收藏的一門「技術性」學問，那是多麼的震撼人心與指點迷津。上個世紀六〇、七〇年代，在戰後大眾民主風潮的加持下，歷史學已經完全脫離了大衛．休膜（David Hume）、湯瑪斯．麥考萊（Thomas Macaulay）以及奧斯華．史賓格勒（Oswald Spengler）的寫作理念，甚至就連學院派歷史學的老祖宗利奧波德．蘭克（Leopold von Ranke）的歷史觀念中也多少帶有「將過去之事加以現實化，使歷史就如同親身經歷一般」，那種徘徊在現實與過往之間的歷史建構早已成為大多數受過高等教育的群眾眼中的昨日黃花，寫作缺乏了「思想」，有的也不過是「考據技術」以及「未經嚴格審視的學院政治正確」。就是在這樣的背景之下，余英時博士適時地將柯靈屋的歷史觀點引入中文世界，才會使「思想史」（ideal history）成為一門顯學，甚至直到今日仍有不少史家將治思想史視為人文社科領域的最高殊榮。

然而，我們要注意的是，當代所談的思想史已非十九世紀古典史家所治的那款歷史敘事：在過去，史家透過近乎哲學般的嚴肅融合了亞里斯多德意義上的詩學（Ars poetica）來敘述歷史事實，其中不乏隱喻或明喻著《史記》或《資治通鑑》那種有關實踐背後的倫理教訓。現今的史學訓練，則因爲大多民主的多元性與平等性而捨棄了一切有關歷史論述背後的至高價值理想，改由僅僅討論敘事技術問題或方法論的史學研究。（當然，不乏也還有文明史、馬克思史學或新文化史這種具有群眾煽動性或大眾政治正確的史學突出一格）現今的思想史已經成爲「研究過去傳遞思想的文本的歷史」了，而不再是史家透過自身才能與體悟「通透」古今的博雅歷史。余英時博士在當時正處於上述兩種史學寫作的「典範」之間，一方面他既是專精研究古代儒家的經典文本，另一方面卻又不斷追問著歷史與他所處的時代之間的關聯，也就是實踐倫理上的問題，這點在他的著名論文〈反智論與中國政治傳統〉中體現的最明顯。這樣一種夾雜在兩種典範間的歷史寫作也鼓舞了好幾個世代的學人，尤其在那個被中國國民黨獨裁專制的時代，台灣的學者多半在歐美等地留學後，就心心念念著要把西方古今帶有民主或啓蒙色彩的文本引進台灣學術界，乃至大眾政治的領域之中。

「具有現實政治色彩的思想史」也隨著台灣社會的民主化和本土化而漸漸遠離了余英時時代的思想史之特色，有的像中研院台史所的吳叡人博士那樣思索出了一條基於世界趨勢而產生的民族主義理念使來為台灣人的自我認同深化提出解釋，有的則向政治大學政治學者葉浩博士那樣為了啓蒙一整個世代可能影響未來民主政治的學子，而將歐洲啓蒙運動的思想乃至當代自由主義學說透過各種計畫引進台灣知識圈。這是一個台灣學人百家爭鳴的時代，但卻也是一個「政治的」思想史寫作即將淪為去現實脈絡的政治正確或把努力讀政治哲學當成政治成功唯一途徑的時代。除了除學院派的學者之外，目前知識界裡我們這一世代的政治思想學徒主要分成兩派，一派我稱為是教科書式的思想導師，這類學者雖然有著非常富有理想的政治視野，但又因為身染當今學院派刻板且錙銖必較的性格，因此在論述思想史時往往過分強調用學術上的技術問題來解決他所面臨的政治問題，比方說一位熟捻歐陸政治經濟學的思想史學者，只要讓他抓到申論現實議題的機會，他就會喋喋不休地把他在歐洲大學的課堂內學到的所有知識一字不漏地背給他的讀者（甚至還會順便炫耀自己的歐語造詣），但具體上要如何處理這個問題，他或許會回答說：「我該講的都講了，剩下的怎麼實踐式你們政治行動者的事」，留下了還是一臉懵懂的讀者，志得意滿的回到自己的小書齋去。另一種思想史學徒則是半瓶水的社運人士，不像是那些專門鎖定特定議題發聲的社運人士，這群人往往以直接民主或啓蒙大眾的名義配合特定書商去炒作一些從國外引進的思想理論，這些理論僅僅是因為其先進或者受到現代媒體社群的再包裝後便直接引進來，而那群半瓶水人士往往為了增加自己的曝光度而積極的為那些尚未被嚴格檢視或與本土社會脈絡契合不夠的新潮思想背書，更可笑的是，只要當書商引進的思想潮流改變或者國內的政治社會環境改變巨大，這群人完全可以厚著臉皮反駁自己原先背書的那股思潮，轉而向那些更進步或更能再讀者圈譁眾取寵的思想理念頂禮膜拜。以上這些困境或許也是當今學術知識環境改變所造成，我們不應該用一個環境所不允許的理想去要求一套標準，那就會像是要水裡的魚像鳥一樣在空氣中振翅高飛一樣，完全沒有道理可言。不過筆者也相信，這種困境既然能被清楚意識到，就代表未來仍有突破此一困境的可能。

回到余英時博士身上，或許我們要成為好的思想史家，最好的辦法不是只顧個攻讀最難最駁雜的學問，也不是僅僅把所謂「進步思想」當成商品販賣給自己的群眾，而是要回到自身與時代環境之間的互動，理解到如何透過歷史學的語言去構築這個時代所給予當代人的印記，就好比余先生對傳統君權的批判來自於他對中國共產黨恐懼的記憶，當今的史家當中也不乏有類似經驗的佼佼者，例如來自文革後中國的劉仲敬和余杰，他們的寫作即使不被大部分的學院派所承認，卻能夠吸引到一定數量的普通讀者，這不是因為他們有任何高等的學術造詣，而是在他們肯於將自己的歷史論述與所面臨的政治現實用最直接的方式構築起來，這使得與他們分享相同或類似的時代經驗的讀者頻頻首肯、讚嘆不已，而這也就是理念（思想）的誕生，它是一群人在面臨相似的時代環境並做出相似實踐時所形成的集體價值，理念並不需要裝模作樣、故作高深，只要眞誠的反映觀察者們的時代感，如此而已。也因此，思想史（或說理念史）要也得不是研究思想的歷史，而是將「我們這個時代的感覺」以歷史的體裁加以呈現。在這裡，我們也要客觀地承認余英時博士在這面並非特別的成功，或許是因爲其身在學術圈子裡，受到的專業規範與偏好導致他沒能總是直觀地去反映自己時代的理念，更多的則是被文本限制了自己的因果推論，而得到了越來越無法與新時產生共鳴的結論，比如他那些模仿德國學者馬克斯・韋伯（Max Weber）的宗教社會學方法論的書，裡頭將資本主義和儒家倫理綁在一起，或者將孔子的倫理學上升到柏拉圖的理想型（ideal type），在現今的社會科學家或哲學研究者來看都是非常怪異的，這也是當思想史不在是博雅的歷史而變成片面方法論的歷史時所導致的，但我們也不忍再怪這位在當今學術界仍如此才華出眾的學者太多，他也不過是反映了他自己時代的學術困境而已。

最後，我期許隨著時代環境的推移，台灣能夠在產生一位足以反映這個時代的一群人的思想，並且將歷史重新推向「反映我們這個時代思想的歷史」的爲大史家誕生，再進一步推動台灣的歷史人文之是走向下一個典範。在此以本文章紀念今年（西元二〇二一年）八月初逝世的余英時博士，歷史與思想的辯證並不會爲一位成就不凡的人死去而止息，但卻有可能位他的成就留下長遠的烙印。

哲學篇

當代哲學的基礎問題

第一講　存在與當下

「你當下看見了什麼？」、「你當下聽見了什麼？」、「你當下心情如？」、「你當下正在想什麼？」、「你當下正在做什麼？」

當我們試圖以上述的問句去詢問他人時，所要得知的並不僅僅只是他人感官內心之間文、思考或是外在所從事之行爲，而是爲了要界定他人是一個什麼樣子的「存在」(being)。存在是所有哲學活動的起點，也是終點。哲學將「現象之存在」透過分析與綜合活動之後形成了「新的思維之存在」。然而，我們卻不能斷然地以爲透思維所形成的「新存在」已經是永久固定不變的，當目的已成後新的起始也隨之誕生，原先被當作思維終點的存在成爲了新一輪思維活動的現象要素之一，與其他的現象繼續在分析與綜合間形塑出新的存在。於是我們發現要在這不斷流變的意識當中去指認出某一存在的性質或特殊姓是極爲困難的，就像在流動的河水中放置辨識方位的浮標一樣，幾乎是不可能的。因此，我們必須對自己意識中的思維活動進行限制，這樣的限制是爲了讓我們能夠清楚的指認出當我們思維活動進行到一個階段後，所形成的那個成果究竟如何指稱。

那麼，我們該如何去對我們的思維活動進行限制呢？要解答這個問題前，我面必須要能意識到兩個層面的問題：首先是現象的可變動性，我們原本所思考的對象可能會因爲時間的改的而影響原先考慮時所涵蓋的那些現象，並且人類專注度的不可捉摸與情感的不可控制也可能會影響到現象在上一個當下中的性質或意義，使之質變而影響到整體思維過後的結果。另一方面，思維作用本身的因果性質也會使得現象的「存在性質」只能在某這具有「時間性」的思考片段中才具有最接近「純粹的有效的」現象間的分析、綜合與邏輯推論作用，也就是意識切片下最原始的「存在」。

當我們已經意識到以上兩個層面的問題都具有明顯的「時間性」因素在作用之後，就可以理解到那用來限制我們思維活動之純粹性和有效性的並不是任何的概念定義或問題取向，而是某個具有時間性的當下。當我人在思考有關某個歷史事件的因果關係時，比如二二八事件的發生與究責，首先考慮的並不是先去定義這是否是重大歷史事件或它有沒有可能眞實存在，而是直接就這一現象在這當下早已不證自明的情況下去進一步推論導致這一事件的可能因素，以及那些我在思考這一事件當下所能清楚辨認的歷史人物在當下的處境與責任，在我思考這一事件的當下這些現象與存在都是不可能加以懷疑的，除非當此一階段的思考活動結束後進入新的思考活動時才有可能對原先的存在產生變化。而問題取向之所以無法作爲一種思考活動的限制工具，那是因爲早在我們進行一特定思考活動的當下，問題的取向早已被確立，它無法用來限定我們思考事物時的廣度和深度，就如同你無法強迫自己哪個瞬間想著晚餐吃什麼、哪個瞬間思考關於上帝存在的問題，它們的深度、廣度都是由你思維活動開始的那個當下就已經被決定了。

有些敏銳的人或許已經察覺，當下與存在之間的關係亦是時間與變遷的關係。當下緊緊抓著「那一個存在」不放，卻因爲時間的流動而同時失卻的「原先的存在」。在現現實生活中體現爲如此：一個人在晚餐之後成爲了陪伴兒女的好父親，直到明天早起後又必須成爲公司裡的職員。甚至，如果某天爆發了戰爭，那過著平凡生活的男女也不得不到戰場上成爲捍衛自己國家的士官兵。又或者，當你某天看著鏡子中逐漸明顯的白髮時，你已經能確定自己不再是當初那個充滿活力的小子。我們必須要意識到哲學活動中的一切存在是不斷產生變化的，當我們嘗試要討論某一件事物時，我們只不過是在那個當下相信我們所探討的事物在未來很長的一段時間以及在接收此一思想活動表達的一定數量人口中是具有有效性的，但我們絕對沒辦法從我們自身的任何感官或思考中去觸及到那有效性的實際範圍。於是，當下成爲一種「先驗感官」，在我們其他的感官與思考抵達以前，首先就爲我們確立的能夠「絕對信任」的範圍，它使我們在吃到糖時就能知道甜的味道（即是我們不知用甜來稱呼），在我們受傷時就能感受到痛苦（即使我們無法形容這痛苦的程度如何），更重要的是，在我們動用一切感官和記憶和思考以前，就能讓我們知道空間中的一個物質一定佔有與其他物質不可重疊的質量，以及物理上的時間發生順序必定是有前後因果相依的。人類就是在這樣的當下與絕對信任中去推定出所有存在的內容和意義。人類是認知存在的主體，離開了這一主體或者忽略此一主體的有限性，都將讓我們距離精確辨識一個存在越來越遠。

第二講　存在與生命形式

即便在我們的當下感官裡，一些「存在」正以「模糊」的印象產生於其中，但只要我們嘗試將其辨認出來後，不免會以「形式」（form）的方式呈現出來。比如我們正盯著一發出綠色光芒的物體，當我們便認出那一物體正發出「綠色光芒」時，事實上我所指稱的是一種形式，這樣的形式分離出了「較為明亮」與「較為陰暗」的部分，以及「綠色」這一統稱來阻絕光線中「黑色」、「藍色」、「黃色」等色彩的些微折色轉變。確認形式是我們進行思維活動時最重要的一個步驟，如果一個人只能從最初的感官來進行思維活動，那麼他的思維必定會是混亂沒有秩序的，透過形式的界定，我們才能確認我們的思維中的一切對象和其之間的一切關聯，例如我思考著一顆球懸空的球體因重力作用而砸到地面上，這裡我的思維對象的形式必然是要以「具有重量的球體」為主，而不是在一球體的顏色或表面的觸感材質，只有確認了我的「對象形式」之後，我才能在思維的活動中近一步推導出「因重力而砸到的地面」，而不是「因為其顏色而砸到了地面」，又或者莫名其妙地砸到了地面，也不知道那是什麼（這句推論已經接近無意義的陳述，正是因為缺乏必要陳述的形式）。

於是，當我們知道了形式在人類思維生活的必要性之後，可以更進一步地說存在必然是以某種樣態的形式出現於思維之中，即便我們的最初感官以及被感官處理以前的訊息裡可能不存在著形式，形式只存在於人的意識當中。但不論如何，處於意識之內的思維活動必定是充滿形式的，也只有形式在我們意識中的稜角分明，才有辦法在持續的時間或空間中感受的事物的變化以及佔有的「存在質量」。當我能夠發掘自己正在一步步的衰老，那是因爲我能夠發到自己的膚質正在變差，體能正在萎縮，記憶變得困難，透過上訴三組由膚質、體能、記憶的形式之比較，我才能夠感覺到「衰老」的這一形式的存在，而不是將衰老當作一種純粹的感覺。

人類透過將形式分解或組合以才到思考推理的作用，形式本身不是人類認識對象的眞面目，而是投射在思想當中的「存在之工具」，我們只有先確認形式之後，才能進一步去推認此形式的一切關連與邏輯，但這並不表示被我們限定了形式的那個東西一定就完全對應於這一形式，相反，這一形式只不過是那個東西所投射的一個側影，並且我們也可以發現當我們確認了某一形式之後，有非常大的可能在下一個瞬間「形式的內容」又產生了新的變化。比如我們認爲交通號誌的「紅綠燈」是我們當下所看到的那種亮度或燈泡規格的紅綠燈，但當某天紅綠燈的亮度或燈泡規格又被改良以後，我們還是可能稱那交通號誌爲「紅綠燈」即便它的內容已經改變，但形式似乎在一定程度上允許我們繼續用紅綠燈的概念來加以認識。顯然，形式和形式的內容物是兩種不同的事物，形式需要內容物的補充才能夠幫助我們想像，但內容物卻有可能因爲我們感知的變遷以及個體間的感受力和經驗的差異而有所不同，形式不過是一座橋梁，內容物則在橋梁的兩端，我們只能夠橋梁上去確認通過的訊息，卻不可能完全得知兩端事物的本體。因此，當我們過分執著於形式本身時，可能也在間接地扼殺形式本身，如果我們極端的將水當作「H2O」的原子組成，而否認了海、霧、空氣也是水時，那麼可想而知水的概念就不可能存在於實驗室外的日常生活裡了。又或者，當我們界定生活中複雜多樣的事物時，對於形式的界定必然要留由一大部分的「餘白」或「直覺上允許的模糊可變性」，否則當我將「書」的形式界定在「由充滿文字的紙張集合起來的物體」時，那麼漫畫書和攝影集之類的事物將在我指稱任何有關於書的陳述當中消時不見，這種狀況或許會出現在某些學術活動當中，但在人們的日常生活當中卻可能變得窒礙難行。在人類複雜的生活當中，形式及其內容物的取捨往往是來自任何人也難以明確指陳的直覺來決定的，那種直覺可以說是先驗的，首先由這樣先驗直覺去確認形式與內容物之間是否有嚴重的違和感，然後才有可能去重新界定形式中的內容範圍或者某一對向該以甚麼樣的形式表述，就像是手邊的飲料在直覺上仍處於水的範疇（但具有一定的模糊可變性），但你不會以水的形式來想像豬這樣的對象內容，否則「水往低處流」這句話背後所帶來的想像肯定會變得非常可怕，但不論是飲料或者豬隻本身，我們確認哪個內容對象「適合」水這一形式時，都是由直覺（感官信任度）來決定，不可能是由後天的分析綜合決定，否則我們也可以強辯豬隻本身所含的水分絕對大於一杯手搖飲的份量，所以豬即是水。然而，這樣的直覺卻不是絕對的，我們隨時可能在某個場合將豬隻也當成水，比如在比較一昆蟲和豬隻所能萃取水分時。正因爲我們能夠察覺到形式與其內容物在直覺上的必要性和易變性，因此更能體會到存在本身的不斷流變和複雜性，而建立在一切存在之上的生命也必定會在其形式與本體之間互相拉扯，並從中展開一切有關時間和空間變動的思考，一切形式中所組合而成的生命是我們在意識能夠清楚察覺的「生命形式」，但卻不是「生命的全部」，全部是部分（當下的形式）拉扯重而讓人們知道兩者的存在，而存在也因兩者而無法由人自身完全理解，於是人類也在這裡發現了自己的生命形式的有限性。

第三講　形式與知識

我們透過感官所接受到的那些事物，必須要先由形式加以界定之後，才能被我們當成一種知識來認識。即使是那些無法單純由形式來界定的事物，也肯定是藉由已知形式的不足之處來加以界定，就好像我們說一顆紅色的球體在進入我們的感官之初始而尚未成爲形式時，是由一團由各種感官所接收到的資訊混雜在一起而無法分辨出作爲一顆紅色球體的「方方面面」，這裡就算在我們的意識層次上可以想像的到那樣的景象，但卻無法清楚地陳述出來，如果我們要加以描素出這樣的知識，那麼也是由於我們首先有了關於「形狀」、「顏色」、「大小」、「質感」等等的形式認知後，才將這些形式形成以前的狀態描述推測出來而成爲一種知識。

也就是因爲知識本身離不開形式的確認，更因此能夠斷定由我們感官所匯聚而成的形式，會因爲感官所接受到的外在資訊不斷變遷而影響到形式被界定的方式，更進一步造成在知識成面上，每個人都因爲自己所處的時空感官之不同而由所差異，知識成爲了一種個人性的存在，而非是普遍實證的。

這時我們可能會陷入到一個窘境，那便是：「既然知識在這裡已經變成了個人性的事物，那麼我們如何確認一個知識爲眞？以及知識如何與他人交流？」

要解決上述兩道問題，我們必須回歸到我們在初始感官開始時便一起進入到我們的意識之中的「信任之感官」，這一感官既能讓一個人確信被針扎到必然會感到疼痛，也能使一個人在比較無關緊要的事物上可以判斷出一些較為模寧兩可的選擇，例如在吃咖哩飯和烏龍麵兩種選項都差不多時，讓一個人難以下判斷而困擾。我們對於一項知識是否爲眞，靠的不是任何外在的實證，正好就是那信任之感官。當我看到前面有一支第一次見到的筆而拿來進行「寫作」的活動時，並不是因爲我確確實實的試驗過這支筆是否能拿來寫作，而是因爲信心的感官在我看到那支筆的那一刻當下便讓我確信那支筆能夠讓我拿來進行寫作的活動。又如同有時我們在洗澡時會突然忘了自己是否已經使用過洗髮乳才將頭淋濕的，還時尚未使用洗髮乳而剛淋濕頭髮。由於我們經常在洗澡時洗頭，因此在記憶當中也會懷疑那洗過頭的記憶到底是剛才的或是幾天以前的記憶，我們的信任感官在這個時刻讓我們對洗頭時間的記憶產生了一種難以確認的懷疑之中，因此即使是像記憶這種內在於我們意識當中的事物，只要信任的感官加入進來，那麼也有可能變成非常不確定，甚至是虛幻的。有些人可能會想進一步問道，那麼我們爲某些知識的眞確性加以辯論或進行驗證活動的這些行爲要如何解釋信任感官的運作。事實上，當我們進行在分析辯論或進行實驗觀察、收集證據等活動，都是爲了要強化信任感官對這些知識的信任程度，例如我對某一特定材質的筆施加一定程度的力量之後便能將其折斷，而我折斷了這一支筆後只是讓我「相信」如果再來一支同樣材質的筆，我同樣能用相同的力量加以折斷，折斷那支筆只是增加我對某一特定材質受力程度的知識的「信任」而已，卻沒辦法眞正確定在無數的時空之下我都能夠用同樣的力量折斷同樣材質的筆，除非我確實能在那無數的時空下作完無數次的實驗，但那是不可能的。辯論思考也是同樣的道理，我在認爲某A是否對我據實以報時，會先把他平時跟我的互動關係或熟識程度或說話時是否有其他「不正常」表現來當作其所說是否爲眞的依據，這些依據均是藉由收集其他相關事物的信任來強化主要對象的信任。而對一些人來說，提出眼見爲憑的證據是乎就代表著絕對的眞理，但這其實也是信任感官在我們意識中的強烈作用，例如一個人說要給我三十塊錢，並且眞的拿了三個十塊錢，那似乎已經能確定那個人所說爲眞，但其實只是我們的信任感官將那「看起來像十塊錢」的事物界定成「十塊錢」，但那十塊可能在含銅量方面有千百萬分之一的差異，或是受氧化程度有千百萬分一的不同，又或是上頭刻字有千百萬分支一毫米的差異，這種差異能夠被我們的信任感官加以忽略而成爲「可以被相信」的十塊錢，從這裡就能看出即使是能夠直接眼見爲憑的證據，也必然是「信任」的產物，而非一種絕對的存在。

另外，關於知識要如何與人交流的問題，我們同樣只能透過信任感官的作用來確定我們與外在世界的溝通是確實存在的，但我們永遠也無法確定我們是不是在對著幻覺說話，我只能相信在我目前所經歷的每時每刻身邊見到的家人都是確實存在，並能在大多時刻理解出我所表達的大多數事物的意思。這樣的論述或許會引來世俗人文主義者或者大多數對自身生活之價值不假思索之人的驚駭以及非難，但與其將生命中的一切都當作不需反省的理所當然或者對然肯定一切皆爲一「同質世界」的各個不同的組成部分，或許一個人窮盡自身肉體與智力一切所能得到的便是如此強烈的對外在一切事物之不確定性。世界並不是那麼理所當然的存在於我們感官所及的那個表象之中，而是退隱在感官之外包覆住我們，而我們只能夠藉由對各種感官事物的信任感來拼湊出有關於我們生活周遭事物的知識，生命於知識之間由信任之感官嫁接起了一道看似堅固、實際卻不一定經得起外在變遷之洪流沖刷的強梁，它要人們帶著盲目信心走過深淵之上，堅定不移地完成一生之責任。

第四講　知識與世界

我們對於外在世界的知識並非是完整的，甚至也稱不上是有任何眞正的認識，由於我們的感官會任意地接收及轉化由意識之外投射進來的一些訊息，因此在意識之外我們無法確定眞正的外在世界是否眞如我們一切感官所呈現的一模一樣眞實，而即便在意識之類的領域裡，我們同樣能察覺到我們不可能有能力清晰的辨認出所有被感官接收近來或者被想像出來的所有事物，我們無法清晰的感覺自己每分每秒呼吸的頻率，也無法非常有自信的說自己能夠認識到這世界上的每一粒砂，我們的意識所能辨識到的事物是如此的「不平均」，但這些不平均的訊息卻能構成我們對外在世界有一種「完整」的想像。

要理解我們如何由支離破碎的知識訊息慢慢整合成一壟罩在我們自身之外的完整世界，首先必須要指出信任之感官（sense of trust）主導著人們在認識外在事物時能夠有先後輕重與否的次序，將那些如同呼吸心跳、疼痛及立即的危險感知放到了不假思索信任的領域，而將對於自然的觀察、政治活動以及對其他人類行爲的理解放到了需要透過更進一步的活動（如觀察、假設、實驗和思辨等）來加以信任外在世界之「眞相」（reality）。透過信任之感官先後有別的處理方式，我們才能意識到自身之外是有一個世界存在的形象的，而這個世界的大小遠遠超越的自己本身生存之需要，是一個意識無法加以控制的對象，這一對象裡面存在的一切事務因爲無法被我們的意識所控制，卻有可能與我們的生存需要產生衝突，所以才爲我們認識對象，我們並不是想著水往低處流，於是水就往低處流，而是因爲我們透過觀察行爲後才確認了水往低處流，而我們之所以需要觀察他人的行爲，正是因爲我們無法眞正認識並透過意識去操控另一個人的心理，我不可能完全看穿座在我對面的女孩子正在想什麼事情，也不可能想著她要愛上我便眞的愛上我，我只能從她對我說話的口吻以及其他不經意的小動作來推斷她是否對我有意思。

信任之感官的強弱之排序讓我們意識到世界本身並不只是各種外在資訊的整齊並列而已，以自身的意識爲中心，有許多的資訊由近到遠，由四面八方，零零散散的被我們的記憶和注意力集合爲一外在之宇宙。沒有任何的一種觀念或學說可以聲稱自己已經完全的征服這外在宇宙的眞相和永恆規則，人類對世界的各種認知都只不過是那絕對眞實世界的回音而已，就算是科學，也不過是在一個能夠丈量那絕對眞實世界的假設之下，將來自那世界的凌亂回音，依照人類觀察與智力的有限性來加以統整、回應，但人類依然無法肯定的說那回應他們意識之觀察的宇宙背後，是否還具有意識覺察之外的「力量」正在推動表象世界的運作，即使不訴諸鬼神宗教，人類只要對自己的生存之境況帶有些許的不確定性以及自身有限性的自覺，就一定能感受到任何學說、科學和感官等等帶來的不足，也正因爲這些是人類的產物，因此人類永遠無法從其中得到眞正的滿足，即使是科學也和宗教一樣，都是人類爲了生存的某個當下，給予自身的許諾。科學所能回應的外在宇宙之回音也必然侷限在一定的「社會載體」之上，這個載體承載了人類觀察外在宇宙之表象的規律和意義的有效性，然而當我們的觀察超出了載體本身的範圍之後，有效性也會隨之崩解，正如同只有在一定的海拔範圍內，水的沸點才是一百度左右，而有關人類行爲事務的社會載體，例如文化，就更容易感受到意義在社會載體內外的千差萬別，像是歐洲與亞洲的飲食文化和相關的衍伸技術之差別會使得一個亞洲人在沒有任何先例經驗下來到歐洲後震驚於歐洲的麵包製作技術和食用方式。從文化、政治、宗教等涉及人類行爲的層面來觀察人類從其中衍生出的規則、學問與觀點，這些人類自身的產物必然受到人類自身能力的限制而凸顯出其有限性，正如同沒有一種法律能夠眞正永久解決人類社會中的某一個問題，問題總是接踵而至，以不同的方式出現，正是因爲每個人類個體都只能活在自己的時空當中，並且無法共同分享同一個心靈和時空經驗，因此必然在千百萬種行爲之中產生出千百萬中行爲，彷彿就在訴說著人類是爲了追求自由而欲追求完美，但卻永遠的不可能完美的完美的生物，而法律依照每個國家的特殊性而有所不同，也說明了人爲產物乃是被各種不同的時空個體制約而行層的，一定的時空內屬於有效的社會載體，其餘則否。至於社會載體之有效性的問題，它同樣是人類思維的產物，不能被當成絕對眞實的便藉，只是我們作爲人所能觀察和想像的表象中對某些事物之有效性的一種構想方式，這種個想方式讓我們的信任感觀可以說服自己去肯定我們對世界的某些觀察「在一定程度上爲眞」，好讓我們暫時脫離極端懷疑論的陰影，自由無礙的面對眼前「現實」的生活（一種感官取得高度信任後的外在世界之呈現）。

我們的感官首先讓我們認識到了一外在多樣且複雜的世界之存在，這個世界又複雜到使我們回過頭來反省人類在與外在世界互動過程中的有限性，從而發現了一個在我們看來是如此充滿確定性與不確定性世界與知識的本質：世界與知識在存在與虛無之間徘徊，而人類的意識也同樣徘徊在存在與虛無之間。

第五講　導入形上學

當古代人仰望著星空時，應入他們眼簾的天文景象是如此的驚奇而不可捉摸，於是他們透過神話或者宗教來詮釋他們當下所經驗的奇景。而即使人類文明的歷史至少已經發展了兩千年以上，我們仍然像那天在夜晚行走的古代人一樣驚奇於每一個我們人生中的特殊經驗，這樣的經驗就算早在科學的世界當中已經獲得了一定程度上的解釋，但對一個個體心靈而言那於外在世界之變遷接觸的種種體驗，仍不由得讓我們的心靈對生命之向內或向外產生一種嚴肅的思考和敬畏之情。當我在某天刷牙時發現自己的一顆犬齒因長期的磨損而掉落且不可能再次生長時，在醫學上雖然能客提出合理的解釋，但在心靈上我必然意識到自己的肉體正向著一個不可逆的變遷走去，同樣的我的心靈也不可能在不斷經歷變遷之後仍然維持得如同二十歲出頭面對世界的態度，我必然驚奇於這一系列的人生變遷，而生活在這之中的我也必然也爲這種種的變化提出一套足以慰藉自己心靈的解釋。

形上學不是別的，它正是我們心靈遭遇種種不可預知的變遷以及意識到未來不確定性時窮盡智識所提出的一綜合詮釋。由於人類是受困於心智牢籠的動物，對於那些時時刺激著心靈的事物，必然也要以心智所能理解的範疇來加以解釋。形上學像是宗教或者一些較爲敏感的心靈受外在刺激後渴望提出的一套自我安慰的法則一般，它必須將某個當下的體驗和過去經驗中的某些由共感得知普遍元素以及對未來某種可能性的想像結合起來，成爲在當下心靈中具有內在合理性的世界或生命詮釋。當代形上學具有一項重要的目標，那邊是揭露出人類認知的有限性，以及在這有限性的心靈世界當中人們該以什麼樣的態度或假定來與心靈之外或之內的世界進行互動。

透過本次的講座，我們已經發掘了人類的心智都是處於某個當下的產物，他們彼此之間佔據的各異的時空，並且透過形式的認知方式來模擬出一種心智普篇能感受到的存在，而這些存在最終將成爲一個世界，將心靈的當下、記憶與想像統合在一起，使得人們能夠在當下的自由意志層次上有了一條面對外在變遷時較爲明晰的道路而信步向前。形上學是一種本能，也是一種信仰，它是我們人類心靈存在內容的一種證據，當心靈意識到種種存在的時刻，形上學也正巧妙的把這些存在安排在我們心靈中各個適當的位置。除了某些極爲特殊或著生了病的心智以外，沒有人會質疑自己眼前所使用的電腦存在，也不會質疑喝了水便能解渴的道理，形上學接受了這些人們視爲「常識」的事物，並且爲其他可能產生的變遷也納入這一常識裡頭，即使形上學在論證的過程中往往抱持的嚴肅地懷議論或者是令人驚駭的有關人類心靈運作的解釋，但終歸而言，形上學本身是無法跳脫出常識本身而存在的。同樣的，科學與普遍爲人接受的宗教也從來沒有眞正跳脫出人們對常識的認識，例如我們之在在科學觀點下炭筆之所以能畫在紙張上是因為探原子能夠吸附在紙張所合成的原子之上，但這無損於炭能在紙上塗鴉這一常識，又如宗教中的揚善罰惡絕不是透過一個肉眼可見的神明來制裁那些在祂眼裡是善是惡之人，而是以更加貼近人類生活和意識中的複雜性與有限性來闡明世間萬物運行的法則，這些法則可能在你日常生活中的一次助人或損人經驗中去延伸解釋或想像，而在一解釋與想像也必然要求信徒們回歸自己的日常生活。

當代形上學的建構已經由柏拉圖（Plato）時代的相信心智之外具有各式各樣的原型影響著人類生活的發展，漸漸到中世紀經院哲學（scholasticism）將世俗萬物的運作與安排法則寄託於上帝的創造與規劃，直到近代（至少到了伊曼紐爾・康德開始）形上學開始嚴肅區分人類真時能夠認識的部分以及只能依賴想像和推論的部分，形上學嘗試將人類能夠體驗和覺察的經驗加以統合成一套在日常生活中運行的法則，並且指明這套法則僅僅是在人類有限觀察力下所提出的假說或經驗。有的人認為這種自我設限的形上學已經不如科學或宗教來得偉大，但不論是科學也好，宗教也罷，它們也必然是以日常生活為基礎並為人類的日常生活所服務，當代的形上學也同樣具有這樣的關懷，它鼓舞著人們勇於面對未知，並且接納各種意識上突如其來的變遷。對於人類來說，當代的形上學已經足夠巨大，巨大到足以包覆住每個個體的意識世界。

附論一　回答這個問題：什麼是哲學？

哲學是一門人類在意識層次對認知到的事物進行「統合」（unity）詮釋的行爲。當我們指稱一個人正在從事哲學活動時，所指的並不是任何在普遍理解上難以察覺的意識狀態，或是像宗教祭司求神問卜一樣完全屬於「超自然性」的活動，而是指一個人對於自己意識到的層面（不論是外在或內在）中的部分事物進行邏輯性或符合當時普遍情感的連結與詮釋，這種連結與詮釋也必須是具有封閉性質的結論，在一定程度上能夠容納多數的個人經驗中的片段，但又不至於因爲接受了過多的個案而產生自我瓦解或矛盾。

哲學將我們所能觀察到的與想像的到的加以整合，比如一種欲望與現實中對應的現象，飢餓與進食、匱乏與爭奪、戀愛與求偶，這樣一組事物關聯在了一起並在近一步給予詮釋，而成爲這樣一種理論：「每一種我們人類內心所產生的慾望都會有一組相對應的行動」。這也就是哲學基本的建構原理，在一定的時空範圍或問題範圍內上述的理論可以容納了飢餓、進食、匱乏、爭奪、戀愛、求偶等諸多相異的概念或現象，而最終又總是能緊扣著慾望與現實之間的關係這一命題。

在理解自然宇宙這一方面，哲學與科學之間又並非完全相同，哲學所處理的是哲學家將已知的觀念及現象加以統合成一足以容納其命題的封閉理論，統合的過程中並不會而外出現哲學家預先沒能掌握的現象、觀念，即使是哲學家提出的不可知，也必然佔有一定的想像來確定不可知的存在。然而，科學家的理論在最先提出時便是爲了面對未知而作的準備，科學家只能通過實驗或觀察的方式來確定理論本身的有效範圍，比如有某材質所製成的繩索必須施以多少牛頓的力量才能扯斷，這命題本身不是科學家所能預期的，而科學家面對這一未知狀況只需誠實說出命題的有效範圍即可，無須從新修改命題（修改實驗、觀察材料，則屬於提出新的命題）。而哲學在面對未知對體系本身的挑戰，在經歷了某個不可調和的特殊個案嚴重破壞以後，除了全盤放棄原先的命題外，否則就只能針對破壞性原則進行條件性的修補，已保持哲學命題本身既包容又封閉的特性，例如我們慾望與行爲的關連不能由一種僅僅出現行爲而沒有慾望在意識中產生的情況出現，像是呼吸或血液搏動等等，我們就必須給予我們原先的命題一個意識層面上的限制，而不能將意識中無法用慾望對應的生命現象歸納進去。哲學這一強調封閉性的特徵，並不是在於人類知性本身的自欺欺人，正好相反，反而是想透過統合的方式，將人類經驗或可想像性的片段加以組合成一座探索含有各種複雜可能性的未知橋梁，以便像各種的可能像踏出勇敢的第一步，而不至於在任何胡亂碰撞後仍一無所獲，就像孩提時代總會在碰到挫折以後對挫折的事物加以反省，形成一種未來面對相似事物時的人生準則。相比於哲學，科學本身在於完成目的，科學並不關心對已知事物的統整能如何與未知事物相互調和，科學只爲設定好的目標去探索未知，將未知放置在命題的數據之中不加連結（詮釋）的加以呈現（或者說命題本身就是實驗觀察數據的連結詮釋，沒有進一步整合進其他命題已知事相的必要）。可以這麼說，哲學是人類意識上自我成長的本能，一個人如果渴望在自己的人生當中能夠擁有不斷統合一切由未知轉成已知的原則來加以豐富自己面對未知的勇氣，那麼他一生當中必然多多少少從事過哲學的活動（非學術上的），否則我們將會看到一個人到老都只能靠著膝跳反應生活，而沒有任何「意識」層次上的過程。（當然，一些膚淺的決定論者會否定我們能觀察出他人具有意識的這種想法。）科學則像是人類製作出來爲了抵禦黑暗中隨時會出現的猛獸所製作的長矛，當他向黑暗中刺出那茅時，他只能確定在大概多少距離時戳中了野獸以及穿刺野獸表皮的觸感，但他仍無法確認野獸的眞面目以及怎樣的戰技才能眞正嚇退野獸，這一行爲（也就是科學）僅僅提供了兩個「數據」，等待著哲學在已知世界中將他們加以整合。

哲學是在幫助我們認清已知或可想像的世界，它無法處理但卻能幫助我們面對完全未知的世界。

附論二　哲學能夠通向永恆嗎？一個關於「現象」的詮釋問題

「哲學的意義在於追尋有關永恆的答案。」這是一般學界對於哲學和一般社會科學區分的方式。然而，哲學既然是由人類個人的大腦所進行的思考活動，那麼所謂「永恆的答案」（也就是超越時間與空間的絕對知識）是有辦法被我們所理解的嗎？

哲學是一門對已知或可以想像之現象進行分析或綜合的活動，在進行一切分析與綜合活動之前，那包覆著我們意識的一切事物都可稱之爲「現象」（phenomenon）。現象是我們人類通過感官與思考過程中唯一能夠被認知的對象，現象可以是一個具體的物體（如一個水杯），或者一種情緒（如憤怒），一個社會現象或歷史事件（如少子化或二二八），甚至可以是一個被人類假設的巨大體系（如物理學理論、神學）。總之，現象是們在進行哲學活動時對對象的泛稱（當然也有哲學家會以符號、經驗資料、要素、知覺對象等等的方式來稱呼現象）。

既然我們已經指出哲學活動只能限縮在現象之內，那麼現象隨著人類個體的感官與思考經驗的增加或改變，必然也會有相應的，例如我對老王的認識從剛開始和氣大方的印象，隨著時間推移而發現他也有著陰險狡詐的一面，這種認知上的轉變也必然會使我對和老王之間如何看待彼此之間的關係而跟著轉變。又或者，當我們觀察歷史時，也會發現每一代人所崇拜的思想文化觀念也會隨著環境和世代的變遷而有所改變，例如對於一個尚未由現代經濟過度開發的社會在國際趨勢的誘因之下可能會毫不猶豫地選擇接軌國際產業鏈，將全球化資本主義引入社會各階層，然而當社會環境因過度開發導致生態破壞或者發展導致人口過剩，失業率劇增，在全球產業鏈中不斷轉型，舊有的傳統產業不斷遭到淘汰，整體社會發展與舊時相比產生嚴重的不均衡，可想而知的是一股不滿現代經濟發展的聲浪肯定會在社會中發酵蔓延，並且成爲在地政治家或知識份子用來打破經濟發展神話的理據。

顯然，從上述簡要的例子中可以看出，在一切不斷充滿流變的現象世界裡，人類個體所從事的哲學活動也不可能是超越時空通往永恆的。在啓蒙主義和科學主義中常常有過這樣一種迷信，那就是相信跨世代、跨個體的知識合作，只要數量足夠，必然能夠尋找到一個接近永恆的眞理，但這樣的信仰卻不過世把人類微小的知識累積放大成足以丈量認知世界之外的眞理，它不過是一種人類在當代社會組織下用以激勵其中行動者們的神話，這樣的神話確實替它說存在的那個組織社會提供了豐碩的貢獻，但它卻不能被稱作是通往永恆的道路，因爲我們永遠也無法知道我們所築起的「巴別塔」究竟距離那被稱作「一切」（all）的天庭有多麼的遙遠。在這樣的情況下，我們爲一能認識的就只有由我們「當下」所感知或延伸出來的一切經驗和想像所組合而成的哲學活動，它不過就是沙漠裡的一粒砂或著海裡的一顆露，但卻是我們專注於哲學活動時的「全部」。

講到這裡，肯定會有一些哲學的愛好者跳出來反駁說：「那麼像我所熱愛的那些由柏拉圖到亞里斯多德到當代一切偉大哲學家結合出來的哲學果子，難道不帶有（至少的超越時空的全人而言）的永恆眞裡，那些使我頻頻肯首的偉大知識，即使某些觀念已被捨棄，但多數睿智的話語仍深得千百年後吾輩之人的心衷？」這種來自人類經典崇拜者的提問顯然並沒有察覺到兩件是：首先，他並未認識到同樣接出了這一脈相承的哲學的人，是否在讀到同樣的字句段落時都有同樣的啓發或同樣的想像。另一方面，我們多數人之所以認定某些哲學活動之眞理或偉大的，或許不是因爲它們超越時空，而是因爲它們所存在的那個「社會載體」（我們可以假設這個載體存在的時間至少有兩千年以上且至當代已擴大到全球大部分人類生活領域）目前還足以顯示出這樣的哲學活動是「有效的」，因爲我們不能確定在柏拉圖時代的某個太平洋小島上的土著的腦中是否也能從個別中找到普遍「理型」，或者在康德時代的清帝國如生的腦袋裡有沒有任何「表象」不等於「物自身」這樣的觀念，這些哲學活動對其他社會載體的人來說既不需要也不是「眞實的」。

於是，當我們重新回到哲學能否通向永恆這個命題時，我們始能謙虛地回答說：「至少在這個當下，我所崇敬的那些哲學活動在我看來似乎是普遍有效且值得信任的，但是由於我也只是身處在某個當下把我自身包覆住的那個現象世界裡，所以我無法在此時看出那哲學活動的侷限性，於是那哲學在那時刻彷彿是通向永恆的，而永恆也就是意義的花火，燃燒著我的心智。」

附錄三　我們能夠從哲學當中得到救贖嗎？

一道古老的命題橫亙在古往今來的所有哲學家之前：假如人類能夠窮盡自身智識的一切，並且將自身消融於這廣大的知識當中，是否就等同於在現世當中找到了「至福的救贖」？哲學作爲一門經常要面對人類理知極限的學問，自然而然也會面對到這一將窮盡理知當作通往幸福道路的「實用」問題。

然而，悲觀的是，除了那些許諾透過或多或少智力優秀之人的智慧便能打造出「塵世天堂」的「政治性」許諾之外，任何一位嚴肅且誠實的哲學家們必然會坦承人類不論如何追求自身理解能力的極限，終究只能夠看出悲劇乃是塵世生命的主旋律，救贖往往只能屬於「來世」或者「我外之生命」的。

何以如此悲觀？你只需想想當一位哲學家在他的書房內看透了關於人類知識的表象和本質之秘密之後，卻在欣喜步出房門的那一刻因滑了一跤而從此與世長辭，便不難認知到人類在面對「外在風險」方面總是沒有像在顱內那般具有「可預測性」和「明確性」，心智的世界是一個被感官加以扭曲的「虛擬外在世界」，人類無法從既有的感官去預測任時隨時可能發生的「變化」。

那麼，有關人類善用自身智力已達到至福或者降低變化之風險的生命策略終究只是某些少數人的虛妄嗎？或許並非如此，但我們必須要從人類運用自身智性的經驗裡去尋找答案，並且適度地去修正運用智力能夠達到至福或降低風險這一說法的有效性。

我們可以從孩童的智識成長經驗當中來加以考察：當一個孩子因爲打翻了一瓶牛奶而遭到大人的責罵時，他會因爲這次受挫的經驗而歸納出自己必須小心對待自己面前任何一杯盛滿牛奶的杯子，他才能夠不用擔心任何可能因爲打翻牛奶而被大人責罵的風險。這樣不斷在意外、受挫與驚訝中累積起來的各種避免再次發生意外或感受驚嚇的各種生活規則與信條正是人類之所以渴望透過智識不斷的累積與整理已達成無憂無慮或者零風險的信心之動力來源。人類將智識視爲克服外在世界的來源，正因爲每一次遭遇外在世界的挫折或驚嚇均產生於意識當中，脫離了意識則外在世界也如同不存在，任何挫折與驚嚇也不見蹤影。正因如此，智識是人類認識一切「存在」的唯一可抓的浮木，也因爲浮木相對於腳下的深淵是如此令人感到踏實且安全，於是便將浮木當了世界唯一的救命工具，甚至是世界本身。

但是，一個孩童打翻了牛奶後便學會了如何小心牛奶，但不一定表示他下次不會因爲上課遲到、挑食或跑到危險地區而遭大人責罵，人永遠無法保證自己的這個行爲究竟是否能讓自己保持不受挫折、不受驚嚇的狀態，挫折和驚嚇總是伴隨著人的一生接踵而至，一個人總是爲此不斷戰鬥，卻又如此徒勞，彷彿像在夏日驅趕蚊蟲一般。這樣一幅令人絕望的景象似乎要勸誘著人們對生命中一切的「橫逆」都放棄抵抗，要人們成爲純粹由反射系統支配的動物，任由外在世界安排自身的命運。或許，感受與思想本身只是反射神經與動物慾望的另一種形式的表現。或許，人類只不過是如同其他生命形式一般平等的生命，既不高於，也不低於世間萬物的一切。或許，「我」即是「無」。

當思想嘗試將自己讓位給反射神經與動物慾望時，卻會發現思想仍然繼續運作著：我將手抽離尖針不只是因爲反射神經的自我保護，而且我也「感覺」到了痛，而使我也「想」抽離那尖針。不錯，反射神經固然是思想的另一種形式，但或許正因爲他同時也是思想本身，因此只能由思想來認之一切的我們人類更應該積極肯定思想與意識在我們與世界之間的積極作用。思想確認了一個既使不完美，卻是唯一能確認自身狀態的媒介，並且能夠在人們確認這一狀態之後依照自己的「想望」（不論強烈自覺與否）去作出相對的行動。

所以，當一個人開始進行哲學思維的活動時，他所渴望的或許不是像那佛教涅槃的終極處境，而是在尋求一個當下，在那個當下他將得到「慰藉」而非救贖。慰藉是一種短暫的狀態，安慰著某個人刻因外在之不安而感到困惑的人們，使他們能夠從此刻之不安當中走出來去面對另一個當下。

附錄四　論構想力的邏輯

我們的想像力是如何運作的？想像力不同於外在感官能力，是將原先由外在感官所記憶下來的各種現象加以重現、拼接，相對於當下由外在感官所感知的一切事務，我們的信任感對於「想像之感官」的信任程度要更小於前者。然而，想像卻是人類面對變化無常之日常時，唯一能夠在意識上增加自身面對未來的信心與勇氣的重要來源。唯有將記憶中所經歷的一切感官現象，透過當下感官、心智的折射，拼接出一幅在接下來的時刻可能會出現的總總畫面，我們才能確保至少在自由意志的層次上，我們該如何才取行動，或者該如何以怎樣的態度去面對。

而有關想像力是以什麼樣的方式在我們的意識當中產生的？首先，我們必須要承認想像力必然是「經驗性質」的產物，沒有一樣想像出來的事物是經驗所沒觸碰到的，就連科幻電影裡的怪物，例如雷利・史考特（Ridley Scott）的電影怪物《異形》（Alien）也必然是他嘗試將他經驗中所能理解爲恐怖的一切形象或行爲融匯成一有機個體後才有辦法成爲劇中角色們的巨大惡夢。想像力並不是單純的重現過去經驗，而是將經驗碎裂化之後，根據人們當下對現實感知的認識，再重新組合成一完整的現象體，因此，我們才能夠判別出一個想像的事物距離現實有多近或遠。例如我們可以想像在未來的一兩年內，人類可能會進化出跟鳥類一樣的翅膀並在空中翺翔，這樣的想像基於我們當下對人類演化的認識而能辨別出其荒謬性，這樣的想像也不過是我們嘗試將鳥兒飛翔的印象與人類手部的運作方式之經驗加以胡亂拼湊而成。然而，當我們想像我們的國家可能在不久的將來會爆發一場巨大的戰爭時，那麼這樣的想像與我們對兩個國家長久具有重大矛盾和衝突的現實認識產生的高度的「契合性」，於是這樣的想像構成了我們對「現實之向外延伸」的「合理性」之高度信任，許多意識形態也都是由這種向外延伸之合理性的高度信任所形成，對每個個人而言那樣的延伸與想像即是「現實」，如果將這一種想像的延伸拋棄掉的話，等同於要人類拋棄一切自由意志層面的認識，將自身委身於純粹「感知」與「反射」的動物軀體，而這樣的一副軀體將不再有「思考」行爲的可能性。

同樣，我們的記憶其實也是一種「想像力」的產物，經驗不同於記憶，經驗早在經驗過了的當下就已經把感知能力所能接收到的一切訊息打散儲存於心靈當中，記憶不過也是將我們對現實的認識向「過去」延伸後，再由那些存在於心靈當中的經驗資料重新組合而成。當我認定老王是我父親時，並不是因爲我能夠知道自己還是受精卵時接收了來自老王的父系染色體，而是因爲當我看者眼前這位和藹的男人時，我的當下感官將心靈的資料庫中有關老王可能是我父親一切線索喚醒、組合成一我從小到大與這男人互動的一系列記憶，最後再由信任之感官確立了這一記憶的「眞實性」，如此老王才成了我那伴我大半人生的父親之角色。在歷史認識方面，我們同樣要藉由想像力的幫助才能讓我們理解歷史人物的行爲、關係、眼界或事件的前因後果。例如當我們在看待一場歷史的屠殺事件時，之所以會感覺到悲傷與殘忍，是因爲在我們心靈的資料庫中蘊含著關於人面對死亡時的痛苦與悲傷經驗，以及被暴力對待時的恐懼與憎恨，如果我們的心靈當中缺乏任何前述種種的經驗資料的話，那麼一場歷史屠殺的紀錄給我們帶來的情緒上的波動大概不會大於隨手翻看的百貨商品型錄。而我們對當下現實的一切感知也會如同記憶一樣反過頭來去重新看待陳列在我們眼前或記憶當中的歷史資訊，例如當我們不假思索的假設了人類智識史的發展是越來越高度開發時（也就是當代人最聰明這一觀念），那麼我們自然會認爲古埃及人構築金字塔的方法必然是笨重且粗暴，就如三歲小孩堆積木一樣缺乏高精緻度的思維。但是，如果有一位歷史學家認識到每個人類個體都只是自己時空下的囚徒，他們都是在自己生活時空給定的各種資源下竭盡自己智力與體力所能地運用它們的話，那麼這位歷史學家不僅能夠比起一般人更能驚嘆大馬士革刀在騎馬作戰的草原生活上的便利性和精緻度，或許也更能體會到封建貴族制在羅馬帝國秩序解體、多元民族並立歐洲黑林森時必須爲了寒冬前爭奪一塊物資充沛的低地或者在沒有現代契約官僚的物質基礎上如何互相信任合作時充當最小共同體能夠較爲舒適的組織生活方式。

想像力是我們人類從感官的第一步驟近一步向思想發展的第二步驟，沒有想像力就沒有過去與未來，沒有過去與未來的時間感，我們就無法意識到自己正在從事思考的行爲，而缺乏思考的意識本身也是沒有意義的，人類之所以汲汲於意識層次內的討論，也是因爲意識是人類認知範圍內自由意志能夠活動的領域。在那裡，人們可以有限度地做自己「想」（will）做的事情，不論這個過程在人類以外的智慧看來是否只和蜜蜂循著蜜的香氣行動一樣簡單，但正因爲人類是只能困在意識當中思考的動物，因此意識中的思考對人類來說也是唯一重要的事情。而想像力則是思考的原料，讓思考得以有了內容，讓「想」這一單字有了主詞、受詞以及額外的涵義，而不再只是單純的感覺而已。

附錄五　痛苦中的孤獨：一個關於人類心智的側寫

人類心智的孤獨性往往體現在一些較爲不頻繁的情緒當中，例如痛苦、狂喜、憂愁、無聊與驚恐，其中又以痛苦最爲容易使人陷入單一心智的牢籠之中。想想看一位身懷六甲的職場女性，平日必須要忍受身孕帶來的副作用，又必須要面臨職場帶給她的壓力，即便她的母親或許也曾經歷過類似的苦難，但在那個當下她的丈夫、同事、婆婆或者父母，沒有一個人能體會她現在的痛苦，或許她只能期望那位無所不知的上帝能在她最痛苦的時刻支撐著她的心靈，而不至於使她崩潰。在前述的場景中，做爲一位旁觀者（尤其是男性），或許我們能將眼前的現象結合自己曾經歷過的痛苦經驗來加以想像，但這也讓我們知道情緒在一個心靈當中的作用力是如此強烈，強烈到其他心靈就算能夠想像，卻無法眞正的「體會」。這也就是人類心智的運作原理，心智是個人性的產物，它的內容無法透過任何有效的表達被其以外的心靈完全感知，每個人的心靈都是寄生於其所占有的時空當下的產物，心靈之間的交流則是一種單一心靈與表象之間接觸的結果，當心靈轉換成物理行爲現象之後，所留下的也就只是現象本身，等待著其它心靈加以轉譯、解讀成屬於那個心靈自身的內在意義，所謂的「共感」也不過是單一心靈在觀察到外在現象時，將其它個體類似的外在表現形式解讀成共享著心靈中的某種狀態，在那種狀態下我們能夠歸納出喜、怒、哀、樂等等的表象情緒並加以回饋，但他者的內心深處，我們無從得知這些情緒對那心靈本身究竟有怎樣的意義或深度，就好似我讚美一位女孩外表時，根據她的笑容得知這樣的讚美會使她愉悅，但我永遠也無法曉得這樣的一種愉悅究竟跟我被喜歡的女孩子讚美時的愉悅等同，還是如同一位服務生客套的讚美那般令人莞爾。

痛苦之所以能夠呈現心智的孤獨感的另一層原因，是因爲痛苦對心智來說是由於對外在世界過於巨大的非預期性與不確定感所造成，一位懷有身孕的女性即使知道自己的生產期在十個月之後，但她所面臨的痛苦是每天當下突如其來的噁心感，又或者是肉體快速變遷下所造成的不方面，每一個身孕期間的當下就好像是在拷問著自己的身心靈是否過了明天依然能安在，科學給出的精確日期已經失去意義，有的只是在極度痛苦折磨中依靠薄弱的意志進行漫長的等待。而痛苦也並非在肉體疼痛的意義上將帶給人們孤獨的絕望感，對一個在階級或社會地位上被排擠的邊緣人來說，那種生活在其中卻無法與社會順利交流，無法確立自己穩定生存的地位的那種不安感也會造成一種巨大的痛苦，這種痛苦在某些旁人看來或許會認爲是庸人自擾或者被證明不是一種過不下去的日子，但在痛苦者的心理，他更期待的多不定是一種激進的革命武器，好讓整個社會天翻地覆到足以讓他有一個安穩的位置。痛苦也是每個心靈面對自身所占有的時空當下彼此之間有所差異的對照點，一位孕婦的痛苦內容與程度肯定大大不同於一位社會邊緣人，一位政治家的痛苦也絕對不同於一位必須爲柴米油鹽奔波的老百姓（即便當代後者總認爲自己的痛苦在前者之上，但在每個心靈的要面臨無法預期的外在變遷以及心靈之間無法眞正交流的情況下，這樣的觀念也不過是一種政治上精神動力學而已，實際上是無法比較的）。也正因爲每個心靈在每個當下所具有的痛苦之內容是具有特殊性，也因此能夠觀察到心靈運作本的的孤獨性與時間性。

正因爲痛苦的存在，使人們認識到個體心靈運作的有限性，痛苦使心靈知道自己的意識是獨立於外在世界存在的，而這個外在世界也因爲它無法由意識去控制或預測，於是仍給予心靈持續的不安及痛苦。心靈在痛苦之中發現了自身獨立存在的眞實，而人類也在外在世界的持續變遷下發現自己作爲一個個體的特殊性，痛苦是人類心智從存在開始就必須面對的宿命，也正是這樣的宿命，我們才能知道這唯一人生中多采多姿的一切事務，痛苦彷彿一隻彩筆，運用每個當下內容與程度的不同勾勒出了一幅名爲人生的彩畫，痛苦推動了心智運轉，而心智在痛苦與解放之間震盪出了思想，有了思想我們才能意識到自己的存在。

附錄六　何謂自由

想像看看，當你來到了一處風光明媚的海岸邊時，眼前盡是一片海和天空結合而成的藍景，當空的烈日映照在海浪上使其波光粼粼，從海的那一頭吹來的強風在你的皮膚上留下有些濕黏但涼爽的觸覺，此時的你已經消融在的美妙的場所當中，彷彿自己的意識與感官已經童這美麗的精緻融合在了一起，思考沒有任何意義，此時的你正是「自由」的。

自由不是別的，正是人類心靈與外在世界同化的過程，當人類放棄了意識中的種種自由意志的選擇，而將它交予一更巨大的外在現象任其安適的插入一切現象，不必再爲了自身存在與否而苦惱，也不必再爲了任何能夠傷害我之存在的變遷隨時而來的不安，自我也因此不必在思考，「我」將成爲一種多餘的存在，因爲我已經成爲那外在世界的一部份，成爲了「無」。

自由是一種追求無的過程，因爲當個體心靈發現到有的存在時，它必然也會感受到來自外在世界四面八方的限制，這樣的限制不僅僅讓我發現了意識當中有各式各樣事物的存在，也認我發現了有我自己的存在，透過了我去認識這些「不是我」的事物存在，也讓我看見在我之外還有一個「世界」的存在（不論是眼下的那個，還是更高層次的），我的心靈和世界並非易一個整全體，世界被我當成了對象，但我也成爲了與世界對立平等的觀察者，這樣的一種對立割裂正是由於我們的心智無法像上帝一樣將意識到的事物直接現形，而是必須在每個當下中「發現」各種被給予的現象、事物或經驗。那些被給予我們的事物使我的心靈只能在我這個主體之中不安的等待，我持續存在，而被給予的不安也持續存在著，於是永遠的自由並不可能在人的一生當中眞正存在著，人只有在某些一時半刻中才能嘗到自由所滴落下來的甜蜜汁液，並在那一時半刻之間忘卻了自我，融入到了那我外世界當中。

而關於倫理學方面的自由，也不會是一種意識到現實條件的制約下而妥協的對自由的追求。例如在政治哲學方面，要求共同體中的每一位成員各司其職、各得其所，也是爲了要在現實中能夠組成的社會形式裡安排每個人都能如同一人體細胞的重要組成部分撐起這巨大的社會體系，而人面只要安扮演這樣的一個角色自然也會有讓自己安心的報酬（不論物質或心靈），而不擔心再隨時變動的社會與角色地位中，自己需要不斷煩惱自己該以甚麼樣的姿態生存、追求甚麼樣的利益，人只需要將自己消融在社會當中，那麼在社會裡的一切生活變都是自由的。在宗教或某些以追求自由爲目標的政治社會運動當中，雖然它們都將某種層面的永恆自由當成的其信徒或成員的終極目標，但它們所使用的手段可能會在一方面透過組織來減輕外成員對外在世界變遷的壓力感（透過共享利益或是提出一套可以詮釋外在世界運行法則的解釋系統），而一方面也將永恆是自由視爲需要花費一生一以貫之的去實踐相關信念才能在世俗後代或死後達成終極許諾。

但不論我們以什麼樣的方式去面對或實踐自由，自由都如同痛苦一樣是伴隨著人生斷斷續續出現的狀態，甚至這樣的狀態本身也是動態性並具有不同內容的，例如有的人所追求的自由是要逃離家父長們的控制，有的自由是爲了爭取民族在國際政治上自主獨立的地位，有的是甚至是想要擺脫長期以來身心靈病痛的陰霾，這些自由之間並沒有絕對的偉大或卑微的序列，都取決於當下個體心靈所重視的是怎樣的自由。自由並沒有本體，沒有任何一種世俗的狀態能夠宣稱自己即是自由，財富或地位沒辦法安撫人們只要還活著時就必須面對的種種變遷與不確定性。自由也不是一種情緒，因爲不論快樂或痛苦，人們都有可能帶著各自不同的情緒去打破橫躺在眼前的不確定或阻礙。那麼，死亡是自由嗎？或許是，但自由本身也是我們活著的時候才能想像出來的一種理想狀態，如果每有意識與思想，我們無從得知自由的存在，即使自由不是我們隨手可摸到的太陽，但我們的一生也都照亮在它的光芒之中。自由不是別的，它是我們人生與當下的一個過程。

文化理性批判：當代社會科學哲學的序曲

第一講　什麼是文化

文化是一群人每日生活中大大小小選擇之總和，但這些選擇的選項本身對於一個個體而言並非均質。在個體看來，每種所選之項目都有自己的重要性，在經歷過一系列選擇後彼此牽連在了一起變成一種現象，文化於焉誕生。我們早上的飲食習慣影響了每天對早餐內容的需求，進而也使得那些製作早餐的人們為了因應這些需求而選擇了相應的烹調方式以及食材的選擇（有時這些因果關係可能是顛倒過來的），這些由飲食習慣一路牽連到烹調及食物來源的選擇過程構成了一個特殊的飲食文化。文化正是由這些選擇所呈現出來的現象。

而近一步來看，人類對於文化生活的選擇必須是在一定程度上被認為出於自由意志的行為，否則，將文化當作命定則意味著文化本身並不具有可以被辨認出來的特殊性，而是被更普遍的「上帝意志」或「自然規律」所推動，在這樣的情況下去強調文化等於是無意義的（即便在超越自由意志原則之外可能是如此）。如果上帝或自然規律在未來的二十年裡預設了我必須持續的被中國文化所統治，那麼此時此刻的我堅持要將台灣文化與中國文化分開理解且努力使自己選擇前者、遠離後者的努力也終將是白忙一場。但身爲一個僅能在當下意識到具有兩種文化存在且也確確實實認爲能夠在當下從兩者之間做出選擇的「有限人類」來說，對文化生活做出分辨理解以及選擇根本就是「天性」，不管背後是否還存在著「天意」。

然而，當我們意識到自己能對文化生活做出選擇的時候，卻也有各種因素強化了我們在每個選項中倒向特定一邊的意向，這些因素可能是精神的或物質的，也可能超越了一個人類個體的當下認知。例如我早上起來刷牙時選擇用黑人牙膏品牌來進行清潔時，可能意味著在我日常生活地方裡，選擇此一品牌的方便程度會大於其他品牌（即便我在意識上確實認爲自己「也能」選擇其他品牌）。如果我們不能意識到這些使得選擇本身產生不均等的因素的話，那麼我們也將忽略了人類在面臨外在世界時必定會遇到的種種「不可控」因素或現象。人類之所以要做出選擇正是因爲他們無法隨心所欲地想做什麼變做什麼，他們必然是先釐清外在因素的限制後才選擇了自己「比較想做」的事情。這就如同我想擁有一輛賓士超跑，但我不可能突然就爲自己變出一輛，而是要衡量自己目前的財富和其他可以被接受的廠牌車之後，才能腳踏實地的買了一輛還算滿意的三菱小轎車。

那麼，文化如何把「個人們」的選擇聯繫成爲「一體」？首先，我們必須要假設到文化生活中的種種選擇都是對「他人」具有影響力的，如果一項選擇對他人沒有影響作用的話，那這一選擇也不可能是關於文化生活的選擇。例如我必須要假設到今天我選擇喝豬血湯的這個行爲是能夠關聯到我所居住的這一條街上幾乎都是賣豬血湯這一現象上，否則我喝豬血湯以及大多數店家賣豬血湯的這些行爲都只能算是複數的個體選擇行爲，而不是一個文化行爲，因爲彼此並未互相干涉。另外，文化能夠看成是具有一體性的選擇也必須要認知者在接受此一現象時是具有「意義」的。例如當我們看著愛德華·孟克（Edvard Munch）的《吶喊》（Skrik）時，必須要先認爲畫家的主題與當時北歐人壓抑的性格是具有某種程度的關係時，才會覺得這幅畫本身是當時北歐社會的一個文化縮影，否則畫家的主題選擇就只是一種個人選擇，而非文化選擇。

當我們確認了文化並須同時具備「相互干涉性」以及「意義性」之後，也就眞正揭示出了文化在人類意識當中的重要性質了。就前者來說，文化意味著他者是眞實存在且具有影響力的。就後者來說，文化一定存在於經驗當中，超越經驗的事物無法用經驗關聯起來，也就不可能是文化，人們必須要經驗到文化才能知道文化的存在。因此，當我們認知到文化時，也同時認知到有關此一文化的人事物及行爲都是眞實的，同時這一文化眞實在認知主體之內是無法被否定的，即使此一認知主體可能自覺的「想像」一種文化，但這確實也是「一種文化」，只是它遠離了「現實」

而已，但它所含有的經驗性卻是「眞實」的。例如，前兩、三個世紀的政治哲學，雖然在世界上不可能找到眞正符合這些教條的人類社群，但卻能夠讓我們想像它們的運作方式，只因爲它們提供了一組「具有一定意義的眞實經驗之組合」在裡面。同時，文化也是我們用來確認外在世界中一切有關人類行爲法則的重要指標，因爲我們總會認爲只有順著某一「文化路徑」行走，我們的存在才能得到保障，而背離了某一路徑，則我們便不復存在，不論是精神上還是肉體上，我們將沒入「未知與死亡」的恐懼當中。

第二講　我們如何認識文化

文化在我們意識當中產生了概念，首先是因爲我們能夠理解到人類在意志層面上似乎是有「選擇」能力的，而這樣的選擇也同樣牽連到其他一群人的選擇，彼此環環相扣。然而，單單只是意識到選擇的連環效應還是無法說明文化的存在。文化之所以存在正是由於我們能夠觀察到這個世界上具有「複數」的選擇之連鎖效應的集團存在，他們彼此之間帶有相異的內容和意義，正如同歐洲人和亞洲人可以被視爲兩種文化正是因爲這兩個集團在他們的選擇連帶上產生出了兩種無法隨意改變的意義與組合。如果世界上的文化都能夠隨意地由其中的成員改變的話，那麼文化的區分也會失去意義，比如印度、東亞、伊斯蘭文化地區如果能夠隨意地選擇基督教文化及其衍伸產物的話，那麼我們似乎也沒有必要再區分印度文化、伊斯蘭文化和東亞文化等等，整個世界彷彿如同可以自訂自己的性別、國家和職業的遊戲一樣，在這樣的遊戲裡，除了原先背景設定的一些故事和陣營之外，人們似乎都能自由自在的選擇自己想成爲的角色，這些角色除了個人情誼之外，遊戲內部便不會再有更進一步的「複數」文化活動出現（當然遊戲外部則可能因爲遊戲本身的形式和遊玩方式而變成「一種文化」），那就是因爲自由本身打破了文化選擇的「不均質」和「有限性」。我們能夠察覺到文化的存在，不只是因爲我們能夠感受到自己正在進行具有連帶關係的選擇，而且我們一定也要能經驗到「另一種文化連帶選擇」的存在，這一存在中的我們是一純粹的旁觀著或者是受到牽連感較小的成員，能夠很清楚地把「他者文化」的封閉意義明顯的表達出來以區別我身處在其中的「這個」文化選擇連帶團體。比如說當我看到一群人已過著非法且暴力的方式維持生計時，我會以黑道文化來區分我所在的「這個」遵守國家大部分法律且多以和平方式解決日常生活問題的選擇連帶體之不同。文化必然是需要他者的存在才能界定，自己的各種選擇集合起來仍然無法被稱之爲文化。

那麼，既然我們辨認文化是依據與他者的選擇連帶體進行比較才能互相界定，爲何我麼能夠如此的斷定其他那些有別於我所處的選擇連帶體是形成一個文化的他者？事實上，我們並無法確定那個被我們界定爲他者文化的實體本身是不是也認爲自己是一個文化實體，我們之所以要去界定他者文化的存在往往是爲了確認在意志選擇上爲何我做出了這樣的決定而不是那樣的決定，我的決定將能可能帶我進入到這一文化連帶而非那一文化連帶之中。就好像我今天選擇當一位科技業者時我勢必也會告訴自己這個選擇將帶我進入都市文化而非鄉村文化，我需要認識到我所做的這個選擇可能會帶來的連帶關係（包括高樓大廈林立、疏遠的人力、五光十色的消費生和昂貴的生活費）將有別於另一種連帶關係（受傳統宗族禮俗拘束、單調的早晚作息和各種高勞動力的工作），當我們越是能爲這兩種文化勾勒出各自的形象，也就越能說服自己在做選擇時將會面臨的各種「可能性」。所以文化本身並不是一種固定的實體，它是爲人類當下的選擇所服務的，如果我們才取過分懷疑的角度去看待文化，那麼十之八九會認爲文化是不存在，就如同當我說日本文化存在時，我的當下重點是要凸顯與日本文化同一層級的各種包括或不包刮的選擇連帶，例如片假名、武士道、天皇有別於駱駝、沙漠、教堂和孔子。在我區分出來的選擇連帶裡只是包含著關於日本文化的種種要素，但這些要素卻是有可能在被打散從新排列的，例如片假名可以歸類到文字文化而天皇則是宗教文化，這些全是由認知主體去定義和安排的，他們原本只是外在世界中隨意呈現地來的現象而已。

討論到這裏我們或許會以爲文化似乎是能夠被隨便定義的產物，但事實上我們之所以需要定義文化也是爲了要理解爲何在我之外的人們會做出各種大大小小相同或相異的選擇，這些選擇有些於我自己的生存或存在方式息息相關，有些則不太相關只是讓我獲得到更多關於外在世界的經驗與理解方式。正因爲文化是如此地貼近自己的生活同時也是面對未知的方法之一，所以想要隨意去定義文化的形式和內容甚是決定其是否存在本身就是相當違反認知本能和生活（存）本能的作法。一個人可以爲了自己的利益去定義或承認或否認一個文化，但他絕對無法放棄用文化去解釋那些在他腦中不斷襲來的各種人類現象，除非他想封閉自己成爲一隻拒絕思考的動物。

第三講　文化運作的邏輯

當我們確認了文化屬於經驗性的事物，並且是在人具有一定限度的自由意志的選擇認知下才能辦認出文化的特殊性之後，關於「文化是以什麼樣的形式被人們關聯起來的？」，這個問題將是理解文化本身最核心的部分。

文化所構成的形式我們或許可以用「符號」來加以指陳，符合在文化中的理解不僅僅只是向文字那樣用來表達述說者本身想表達意思的工具，而是符號的接觸者們處在特定的時空之下便能主動對符號產生具有「意義」的詮釋，例如當我們界進廁所時，看到兩個門口分別標示了藍色與紅色的小人圖示，我們便能馬上知道這意味著一個門口是女性使用，另一個門口則是男性使用（這裡先撇除複雜的性別議題）。文化的符號本身就具有一定限度內的特別意義，這些意義能夠誘發人們對符號有關的事物去作出選擇，從而更加強化了符號在這個選擇當下的必要性。

既然確認了符號本身是人們做出文化選擇的必要中介，那也就表示當我們要確認一個文化的「屬性」時，必須要考察的就是符號而非行爲。例如，當我說豐原人都喜歡把豬血湯當早餐時，如果我所指的是一種豐原人特有的文化的話，那麼我的重點也應該是在由「豬血湯」這一符號所引導的特殊行爲，而非是「把豬血湯當早餐」這一動作上面，因爲這一動作我同樣也能把它的主詞換成南投人、彰化人等等，並不具體的說出「什麼」是豐原人的文化中的一部份。從符號屬性來辨認文化的具體內容是什麼，基本上也是在說明此一文化具備了什麼樣的屬性，例如豐原人的豬血湯具備了飲食與物質的屬性，而德國人的哲學則具備了精神層次與國族意義的屬性，屬性的掌握有助於文化的觀察者或行爲者確認自己在觀察或介入一個文化選擇時是以什麼具體的事物來作爲自己立足點，屬性符號不只在文化當中散發著自身的意義，也反映出所牽連文化觀察者和行動者在進入文化選擇當下最直接的欲求或焦點。當一位性別文化研究者撰書批判當代過於刻板僵化的性別觀念時，我們也可以知道這位作者在振筆疾書的當下絕對是把有關性與性別的事物屬性（不管他本人有沒有具體行動的打算）當作是他最大的欲望對象或無法忽視的焦點目標。所以我們也可以理解文化的符號屬性並不是固定不變的事物，而是和察覺到這些文化符號屬性的人在當下所做的理解和詮釋有關，基督教的教義在一位虔誠渴望得到上帝訓示的教徒眼中是帶有人生指南的屬性而被這位信徒所認識的，但在社會學家馬克斯・韋伯（Max Weber）眼裡卻反而變成了造就西方資本主義文化演變的「精神動力學」而已。

而文化也從來都不是以單一符號的方式存在著的，在文化之中必然是有著一個以上的符號在其中互相牽連而顯現出一組在觀察者看來是具有包覆住一群人整個日常生化那麼多的意象。那些符號小至食物或日常生活用品，大到宗教禮俗、國族文明認同，這些符號能夠完整化一個在其中的個體面對外在現象變化的所有知識，讓個體認爲自己身處在這文化當中所有有關的符號都是「理所當然這麼理解的」。就像一個台灣人不可能不知道鼎泰豐的小籠包是最有名的，即便眞實情況下眞的有台灣人不知道鼎泰豐的小籠包，但這種習以爲常的感覺卻是文化必須被如此認知的。正因爲文化有這種看似穩定，實則經不起過份嚴格定義或預測的性質，所以所有的文化符號也都必定是當下具有確定意義，但在其他時空環境下卻可能改變意義的狀態，文化如此全面地給於一個人確定感，卻也在自己的本質上揭露出的自己的不確定性，這也是爲什麼一個人即使如此努力的讓自己成爲某個文化的成員，卻也總是感覺自己永遠都無法掌握這個「文化體」中的種種變化，就如同一位台灣知識份子總是非常努力的研讀台灣歷史並積極參與各種公共領域的政治活動，但他始終仍無法得知自己的同胞在想什麼，是不是眞的會按照他心中所模擬的方向行動，這也正是文化帶給人們的充滿謎題的地方，它既是引路人卻也是謎語專家。

第四講　文化與個人

人類個體對自身以及外在世界的認識都無法跳過以文化符號爲基礎的知識架構，試想一個人之所以要認識自己以及外在世界，不就是爲了要和包裹著他的一切未知進行「互動」，兒互動本身便充滿著各種大大小小的選擇行爲，爲著些選擇行爲賦予意義，也就是個人將自己投入文化之中的第一步。

存在於文化之中的個人透過賦予符號特殊的意義而爲文化的屬性增添了內容，比如台灣人將濁水溪視爲象徵民族的重要地理環境，事實上就是將民族賦予了地理物質方面的屬性，而這樣的一個屬性又有可能回過頭來去界定每一個能夠在日常生活中接觸到濁水溪的人爲「台灣人」這樣的文化認識。人與文化之間同時是相互界定，卻又能從各自的屬性碎片當中向外延伸、牽連的特殊關係。一個個人無法辨認出一個文化的全貌，卻能接觸到複數個文化的部分要素，而一個文化無法涵蓋一個個體的全部性質，卻能將複數個體的部分特質牽連在一起。文化是一種個體嘗試將認識當中的「無限」化爲「有限」的過程，然而這樣的有限卻又因爲人類認知的天生結構而同化做無限之中。沒有一個人可以毫無保留的說自己知道某個文化的全部，而他所指稱的那個文化又很有可能正涵蓋著其他他所無法辨認的事務的一部份，如此，文化隨時有可能在另一個「當下」變形，我們所認識的這個文化的這個形式也不過是我們當下的認識而已。

而當我們能夠清楚發覺到自我意識的奧秘與文化形式的變遷時，就能更進一步去看待個人生命與文化存在之間的關係。人的一生有各種大大小小的選擇，每一個選擇的過程都深深烙印在了他的生命當中，而當他試著感受或回顧以往選擇的結果後，他便能深刻感覺是自己是存在的怎樣的文化當中，而這一文化又可以爲他眼前呈現出怎樣的道路。一個人從小在台灣這塊土地長大，成年後接觸到了本土派的政治運動並在每一次的選舉當中熱烈關注的運動的將來，他已將自己深深的嵌入「台灣人」這一文化當中，而台灣人的文化符號也會將他帶往到他原先不熟悉的領域，例如台南一兩百年的紅磚建築與台語鄉親的豁達開朗（如果他是一位台中人的話），又或者是那隱藏在台灣歷史當中尚未被普遍大眾認識的悲慘事件（比如一個個發生在中南部的小人物上的政治迫害事件），這些都是當我們選擇了一個文化符號之後必然會被帶往的另一個更廣大的符號世界。最終我們可能會被帶到與我們選擇了不同符號或意義的人們不同的世界裡，我與他，我們與他們，我們的階級與他們的階級，我們的族群與他們族，我們的民族與他們的民族，我們的世界與他們的世界，我們終於能夠理解到我們與他們的不同來自於那些對符號的選擇和意義全市之差異的累積所造成的分離，它讓我清楚知道和你和他的分別，以及我和你和他所看見的「世界」的分別，甚至是我和你和他所認知到的文化符號的分別。文化引道著我們走向成爲個體，卻又讓個體看到文化（們）的差異和角度，只有在文化當中我才能確定自己是誰，才能知道我所經驗的文化特殊在哪裡。當我們嘗試描繪自己所觀察到的文化時，其實也就是在描繪我們自己以及外在世界。

文化與個人呈現出了相當有意思的辯證關係：究竟是文化形塑了我們的生命，還是我們的生命經驗界定了某些文化。我們永遠無法超脫這樣子的矛盾去看待文化與個人的關係，人活在文化裡，但文化也只是人在意識當中的一種「認知」而已。當我們能夠坦然的面對文化作爲我們經驗裡的一環，而非形而上的作用時，或許就能大膽放心地用直觀和定義去面對各種生活經驗上大大小小的文化生活軌跡，也才能夠毫無疑慮的爲文化尋找它的意義和定位。人需要文化，沒有文化就像是在黑暗中失去的燈火，與其抱著對黑暗未知的恐懼，不如信任燈火所照亮的一切。人們不需要過度的去疑慮文化是否眞實存在，而是把這種對文化感覺化作生命的指南，任由它衝撞，任由它受挫，任由它成長。

第五講　文化與社會

社會往往被認爲是一群具有連帶感的人所形成的共同體，這樣的共同體小至一個家庭，大至國家、文明與全世界，這種將人群關聯起來的思維模式也同樣適用在文化認知上，文化是每個人日常大大小小選擇的聯繫，其所聯繫起來的群體可以說既是文化也是社會。

人們通過文化而感覺到社會的存在，而既然文化的屬性和型態可能隨著認知主體在每個當下而產生不同的焦點和樣貌，那麼人們對社會的形構之認知也可能會隨著不一樣的時空或關注重點而有所改變。例如當我們要考察一座位於屏東的客家村落時，我們的重點可能會放在居民的語言和生活習慣，認爲這兩種層面的事務將整個村落中的每個個人給串在了一起，村落裡的人彼此間已經形成了一個小型的社會。但是，當我們把目光在放得更大一點時，把觀察的重點放在整個台灣時，那麼我可能會嘗試用歷史、政治或東亞的地理位置來理解這個更巨大的國家單位中的每個成員的文化連結形式，此時的台灣整體便是一個完整的社會，同時也等同於一個國家等級的政治單元。我們在處理有關社會的各種議題時必須先要確認自己所關注的對象爲何，其本質如何，也就是它的文化屬性是什麼性質，是語言、宗教、地理、政治組織模式、物質基礎或階級族群等等。只有確認了我們關注對象的基本文化屬性之後，我們才能透過組成這一屬性的文化符號去組合出想到討論的社會輪廓。社會並非是一組僵硬的定義，不等同於階級、民族、國家或文明，而是人們認知到自身與他人有所聯繫的有限存在，這樣的有限存在被文化所勾勒出來，既含有文化（人的選擇）本身，也同時指含括範圍內的所有人員。

我們人生活在世上，首先就是由文化（也就是個人的選擇）引導著我們辨識其他人的選擇行動的種種樣貌，最終我們可能會把其中最關乎於我們個人文化選擇的那些「其他人的選擇」，並試圖把做出這些選擇的人們關連到一個社會裡（當然，當一個社會模型被提出時，裡面絕對有可能產生出不符合此社會模型的連結規範的特例，但礙於人類對群體的認知能力有限，因此任何產生意義的社會模型必然某一程度會忽視特例的存在）。例如當我們將經濟手段當作一種文化與社會的連結時，我們所討論的社會模型的就可能是由生產模式或產業種類所形成的集體，資本主義社會或工具機產業群落等等，這些分類方式便是由裡面成員的部分生活選擇（從商、生產工具機零件）所連結起來的社會，但這樣的社會也已經包括了做出這些選擇的成員本身（商人、工具機業者及其家屬等），這些成員的其他生活選擇面相未必都跟原先所規劃的社會連結有關，但在我們辨識出這一社會「存在」的當下，這些成員便都是裡面的一份子，在那個時刻必然牢牢地與文化和社會屬性鑲嵌在一起。

從以上的推論我們也可以得知，人類對文化以及社會的辨識都是隨著外在時空環境的改變以及人本身所關注的事物改變而所有變化的，沒有任何一種人類所能指稱的文化或社會是能永久完全符合它最初被指認出來的條件或形態，例如台灣人最初可能是指生活在台南沿海（台窩灣）一帶的移民或原住民，但後來隨著歷史的發展台灣與島嶼和政治的地理環境重合之後，住在其內的大部分居民基本上都可以稱做台灣人，而如果我們今天要來討論台灣在整個當代東亞地緣政治的戰略地位時，我們所謂的台灣人社會指然也是指由後者組成的社會，而非前者。社會科學所處理的對象往往是屬於當下性的認識，即使某些社會科學的議題能夠持續被討論超過一兩百年之久，很有可能僅僅只是某些術語和片面的觀察方法的流傳下來，但是經歷了幾代人之後對原先的社會模型之想像已經被新的歷史經驗覆蓋替換了，沒有哪個社會科學家能夠非常的確定自己所想的那個資本主義社會和卡爾・馬克思（Karl Marx）所想的那個資本主義社會是一模一樣，即是是按照《資本論》（Das Kapital）的生產剝削理論去重建資本主義社會的樣貌，也絕對不是馬克思在一百多年前所觀察的巴黎、倫敦的抽象模型，而是當代社會學家的新發明。同樣的，我們日常生活中所習慣的文化和社會的稱呼也有可能只是我們這個當下才如此稱呼此一文化和社會，就像原本的中國文化可能是指英國殖民下的香港原住民的習俗文化，但隨著辛亥革命和梁啓超的民族發明，中國文化變成泛指任何與東亞大陸上住民生活有關的任何文化。但即使如此我們也只能信任自身對當下的文化或社會的想像，因爲那是我們唯一能夠辨識的道路，我們只能在光源照得到的地方求取知識，無法從遠方的暗夜裡獲得智慧，我們只能相信自己當下的判斷，一步一步做出每個當下最適當的選擇。

附論一　文明與文化

文明常常被視爲是比文化所涉略之事物還要更深更廣的人類群體單位，又或者是相要於（精神層面的）文化更加屬於物質技術層次的事物。然而，當我們實際考察文明是如何在人類日常生活語言當中被使用的，會發現文明幾乎等同於「某一種人類日常生活事物的選擇」而被表述出來。

文明（civilization）從古代拉丁文的意思延伸出來指的便是一群人逐漸成爲定居生活的「市民」（civil）這樣的過程，也就是說最早期的文明幾乎可以說是定居在城市裡的拉丁民族所選擇的生活方式，甚至在當時凡是選擇這套生活方式的個體都可以被視爲拉丁民族的一份子。從語言考據去思考文明的問題時，我們很發現古代的文明其實就是一種文化，這種文化將居住在城市且遵守其中一連帶價值選擇的個體之生活抉擇稱作文明。文明在這裡只是文化的一種（如野蠻人也有自己的文化），並不是超越文化的單位，也不是文化的技術層面之遺留。

當我們確認了文明屬於特定時期的文化之一之時，那麼過往有關於聞名的各種互相矛盾或說不清楚的定義也就漸漸解開了。但是，我們仍然有第二個問題需要解決，也就是現代社會當中經常使用的文明究竟是用來指稱何事物？當我們習慣將一套禮儀表現、科技發展以及生活模式稱作文明時，我們究竟是把文明當成了怎樣的

「日常生活之選擇」?

要回答這樣的問題時,我們必須先避免直接對文明做關聯性的定義,例如文明等同現存的普世宗教或者文明即是科學與進步,這些過於簡化的定義都可能會造成我們在理解會日常使用文明一詞的誤解:如果我說老王今天在宴會上使用公筷是一件文明的行爲時,不可能是在暗示老王信仰基督教或佛教或儒家思想,而是要說明他遵守的現代公共衛生觀念的規範。但這樣的理解是不是就意味著文明確實等同於科學和進步,這可能也會落入過於簡化的或在可以想到的某些場合將出現矛盾的現象。老王遵守的公衛觀念雖然是科學與進步的產物,但觸成科學與進步能夠形塑出現今公衛觀念的,卻是一套具有內容發展史,在這裡面有當時歐洲細菌學之間的爭論與改良,也有來自十九世紀西方新都市中產階級生活的行爲規範考量,這一系列的生活事務之選擇才促成了現代公衛觀念的出現,它背後所代表的是一套近代西方社會發展的歷史。於是,我們可以說,文明等同時是接受由近代西方社會所產生的各種日常生活之信條,即便它已融入到我們的日常生活當中而感覺不出其中的「西方特殊性」,但仍然無法抹滅我們使用文明一詞時的「根源性意義」。

我們所謂的西方社會大約在五百年前開始出現從精神到物質及生活模式上的重要變革,不只從過去由教會集體掌握的天主教慢慢裂解成強調個人信仰的基督教,就連原本小國林立的封建社會也漸漸變成獨尊單一君主權力的專制國家,與之相應的還有原本只在零星自由市鎮負責管理與貿易的中產階級，一躍而成集權君王手下的現代專業官僚。現代專業官僚的出現帶動了講求實效而不斷改進的科學技術出現（從哲學理論到實驗改良），我們所熟悉的文明社會生活都是由這一段歷史中慢慢演化出來的，即使這些歷史上的觀念脫離了原本的母體，來到了亞洲或其他非基督教白種人社會，它在被人們選擇的過程中仍舊脫離不了與這段西方近代歷史的聯繫。

因此，當我們在現代仍然使用文明來形容我們所選擇的生活價值時，其實也是在說明我們的日常生活選擇仍然脫離不了近代西方的遺澤，就算是精神上指向未來的進步觀念，其原型也是來自基督教的個人主義和中產階級自由主義精神的延伸，不論是否反對其歷史母體。那麼，這是否代表只要是自認爲現代人的個體，他所做的選擇就只能是文明的選擇，而非文化的選擇。事實上卻不然，文明只有在包辦一組幾乎是世界現代史的觀念時才有可能降臨到人們的視野當中，文明雖然是文化的一支，卻無法像文化一樣可大可小，隨意變換自身屬性或意義來源，因爲文明特指一種獨特的歷史來源，來源於近代西方社會對世界的支配過程，它無法脫離這個過程而被定義，否則就會自相矛盾，或者跟文化沒甚麼差別了。

附論二　論文化建構的技藝

我們在從事文化選擇活動的當下，往往是認爲我們所做的這一選擇也必定能夠影響他人做出相關有意義的選擇。在意識之外，我們無從確認自己做出選擇的動機究竟是受到什麼力量的吸引，但是在意識之內，我們可以很明白的察覺到：凡是我們所從事的是一種文化選擇，那麼這樣的選擇也將會被預設爲能影響我以外的他人之選擇，而這樣的選擇與我的選擇之間帶有一種能夠被詮釋出來的關聯。例如我在此時此刻拿起小提琴演奏給徘迴在廣場上的人們，就是希望現場的人們在聽到樂聲後駐足並爲我所演奏的琴聲提出讚許。任何一種意識之內的文化活動都是希望自己的行動能夠得到另外一個心靈的承認（不論好、壞），而得到相應的反饋，這也是人類嘗試與外在世界進行互動而更加以理解其動態及相處方式的方法之一。

文化選擇的行動本身便是在建構文化自身，當我們的選擇促成了其他外在心靈的回應之後，我們也就是創造出了文化。試想當我提筆寫作時，我渴望將一種思想的表達給予他人知道，並且在他確實接收到我的思想以後也會有別於他沒接收到我的思想的行動，而這樣的行動也將繼續影響其他原本在沒接觸的此一行動就不會有所改變的人們。人在介入文化時必須要先假定自己的行動是眞正能夠促成他人有任何「改變」的，唯有眞正讓他人改變（也就是做出相關的選擇），才能夠證明我們的文化選擇是眞正具有「意義」的。

直到這裏我們終於觸及到了文化建構的眞正技藝，也就是「精神動力學」的奧秘。精神動力學立足在人能夠透過行動影響他人的選擇，也就是說我們的行動是能進入到他人的精神視野當中，並且如我們當初行動時可欲或不可欲的後果設想那般使他人做出相應的新的選擇。舉一個例子，當我嘗試透過說明某一歷史事件來影響身邊朋友對現實事物所採取的立場時，我正是期望透過說明歷史這一行爲來達成我所希望的（或有所反應的）朋友的反應，這必然要能讓朋友先接收到我所傳達的歷史訊息（無論是否跟我有相同的理解），然後他才會做出相關的反應。當然，當我在傳達歷史訊息時，我確實是希望朋友能夠跟我自己有一樣的理解觀點，並能符合我說明時的動機來做行動，否則如果一開始就認爲朋友能否接收訊息、能否有相同理解以及能否照著我所欲回應都屬全然未知的話，那麼我的行動也就完全沒有必要了。就像是一個音樂家必須要先認爲自己的音樂確實是能讓人讚許的或者至少是能得到有意義的反饋的，他才能放心地站在台上演奏給其他人聽得。又或者一位將軍，他縱使無法得知開戰之後究竟能不能功得下對面那座城池，但他至少必須相信士兵只要照著他所推衍的戰術行動必定能爲己方的推進帶來幾分的助益。即使人們並不知道其他人的文化選擇是否眞能像當初自己設想而做出選擇那樣行動，但至少在他選擇行動的當下必須要對自己行動的影響力有一定的把握，這也就是精神動力學的基本課題。精神動力學是一門把握外在世界運行並進而做出對主體有意義行動的學問，這樣不學問不只是像藝術或學術那樣靜態的影響他人的心靈，同時也有像政治、武鬥（不以消滅他人存在爲目標），以及任何會影響他人「觀感」（view）的行動都是屬於這個學問的範疇。在這門學問當中，承認他著心靈存在並且能夠溝通（不一定透過語言）是必要的，而如何更有「效率」的去影響那些心靈則是建立在這一承認之上的「技術性」問題。

當我們在日常生活中做出各種大大小小的文化選擇時，其實也就是有意無意地使用著精神動力學的基本假設和技術，我們假設台下的觀眾是眞的能聽盡我所演奏的音樂，並且我透過自己的音樂技巧這一技術來強化觀眾會也我讚賞的這一預設之可能性。我們的文化生活充滿著與他人心靈的交流，這樣的交流我們無法肯定在脫離個體視野後是否眞是如此運作的，但如此要從人類個體自身的角度來理解文化行動的意義，那個將他者心靈視爲存在且可以被影響的也就是理所當然了。

追求現實感的歷史學：當代史學理論的反思

第一講　走入歷史

是什麼樣的動機能夠致使一個人願意突破自己最直接的記憶，通向那由無數自己所無法直接體會的時空所構成的歷史世界？

有的人認爲人類追求歷史知識是一種本能，就好像古代原始民族就已經能透過壁畫的方式將野獸的移動和遷徙記錄下來一樣，歷史不過是紀錄記憶的延伸而已。但如果我們對歷史這一門學問有比較深刻的體會便會發現，歷史不同於單純的記憶般指是紀錄下某個當下的行爲、言語或事件的凝結圖像，歷史所要追求一個由關於「過去」（past）的各個元素所組合而成的「世界」（times），這個世界與人們在當下所面對的那個世界一樣，充滿著各種模糊的邊界，但卻又將進入其中的人們包覆起來，變成像天空和地平線一樣無法穿透的意象。一個現代的台灣人可以知道至少在東亞範圍內比較詳細的大小事件，但他卻沒有辦法非常清楚的掌握美國與東歐或中亞區域政治打交道的具體過程，他只能透過自己在東亞對美國與全球的理解來推測美國與世界各角落互動的大致情形，此時這位台灣人正是活在一個可知是由美國和各大區域政治勢力相互交涉的東亞世界裡，這時的世界不只有東亞的存在，至少也包括美國和其他可以大致認知的政治實體或文化的存在，這些存在用他的模糊的形象融匯成的世界，超越了地理意義上的東亞。同樣的，當我們試著回顧大唐帝國的歷史時，除了那些具體的歷史人物、事件和遺跡外，在過程中我們也重現了當時大唐帝國的世界圖像，即使我們無法完全指出當時存在於外伊朗的每一個部落民族，但卻可以堅信當時的大唐帝國與內亞文化間的交流是相當頻繁的，那是由具體的歷史事實（fact）向歷史世界的空白畫布所投射出來的模糊邊界所融會出來，歷史不是對某人、某事或某物的具體紀錄，歷史是一段關於過去的世界，是超越記憶的想像，是人們探索未知以滿足自身不安的活動。

就和過去原始民族爲了要獵捕某個獵場的野獸所做的事前準備一樣，他們必須從自己的狩獵經驗當中去尋找能夠成功獵捕野獸的方法來應付即將到來充滿未知變數的狩獵。人們追求歷史知識也是爲了要面對一個在他們當下看來是充滿謎團、難以把握的巨大世界，這樣的世界有個超越一個人生命所能體會的所有時空，以至於當人們越是能透過將這個世界的部分面貌呈現出來就越能放心的與這個世界融合爲一體，這樣的融合不代表克服了未知的整體，但是卻能讓人在某個當下滿足於緩解未知所帶來的不安。例如我們突然之間想要理解自己百年前祖先的故事時，是爲了要緩解我們對百年前祖先未知的不安，但當我們從祖先的故事中得到滿足以後，不論我們是否眞的理解百年前的祖先是怎麼具體的過他們一天的生活，但在滿足的這個當下我們確實已經承認了祖先的故事乃是確確實實塡補了我們的未知世界的一大塊，過去的世界與當下的世界模糊的融會在了一起，成爲一全新的當下世界。

所以我們可以如此看待人類追求歷史知識的活動：人類之所以要追求歷史就如同追求其他知識一樣，都是爲了探索未知，但與其他知識追求所不同的是，歷史是爲了將一段我們認爲是過去的世界融匯到我們當下的世界當中，不論那個歷史世界與我們當下的世界的關係看起來是緊密還是疏遠，但當歷史融匯到當下的這個時刻，我們便會認定歷史即是當下這個世界眞實的一部份，而我們似乎又像那廣大無邊的未知獲取一點小小的勝利。

因此，歷史不同於記憶，歷史是一門意識上主觀的活動，需要人們自行探索發掘，但記憶卻是人的本能，它無時無刻都在喚醒人們曾經感受過的某事、某物或某人。即便記憶可能影像人們對歷史探索的結果，但記憶始終不是歷史，歷史不可能隨時隨地提醒人們要記得它，除非人陷入了未知的不安以至於需要喚醒（探索）某一段歷史，否則歷史對一個沒有意識到它的人來說就是死的。

另外，探索歷史是否是爲了預見未來，這是不一定的，因爲我們在追求歷史知識時不一定能很清楚的知道自己是要預知哪方面的未來，而如果將過去、現代和未來都當成是一個未知的整體反而更能顯現人類想要填補未知的慾望，即便那只是往大海裡頭丟石子。

第二講　論歷史與真實

想像一下已下這樣的畫面：一個暴雨交加的夜晚，突然隔壁鄰居慌張的跑到自己家裡說屋外有一個路樹倒了。在還沒親眼見證屋外的路樹是否被風雨折斷以前，你似乎早已對鄰居口中所陳述的事情深信不已。再換到另一個場景，這天屋外風平浪靜，屋外炙熱的陽光從窗外灑落，整個環境部論屋內或屋外都顯得格外靜謐。這時鄰居同樣帶著慌張的神情進到屋內告訴你外面路樹倒塌的事情，這個時候你或許會先遲疑的一秒懷疑鄰居所陳述的是否是眞實的，然後才會隨著鄰居的腳步走出戶外去察看路樹的情況。

我們對歷史認知的理解似乎也是由以上兩副景象所造成的認知感差異所構成。想想看，當我們在閱讀任何歷史故事時，對裡頭事件描述的想像也都是先透過我們現實生活中早已經驗過的元素來重現腦中的歷史影像，當我們試著想像東亞大陸上從古至今的王朝的宮廷生活時，或許腦中出現的都是由當代電影或連續劇所呈現出的那種生活，除非接觸到眞正的考古材料，否則這樣的影像似乎無法從腦袋中揮去，即使避而不談也是。

人類對於那些無法直接使用感官認知的事物總是要再透過感官已經經驗過的元素來重現，而這樣的重現卻可能對那無法直接感受的事物產生模糊的眞實感，這種模糊的性質往往需要靠其他能夠增強其可信度的方式來爲它的眞實性背書。例如我們假如要試著想像江戶時代的壽司是什麼滋味時，在無法知道古代的料理供法會產生出怎樣的味道之前，或許就會直接以現代餐廳裡能吃到的壽司當作想像的媒介。又或者當我們眞的吃到某個偏遠鄉村用木桶和古代米煮出的米飯時，反而更能說服自己江戶人所吃到的米飯應該更接近這樣的滋味。

對歷史寫作者來說也一樣，即使本身見識過的史料相較於一般人來的許多，但在那史料「空白之處」所需要藉助的想像也完全來自自身的現實生活經驗。想想看今天如果有兩位歷史學家來到了一處古戰場遺址，這裡所挖掘出的人類遺骸可以用屍橫遍野來形容。其中一位歷史學家在進入歷史學界工作以前已經有過參與戰爭的經驗，對他來說人們爲何而互相殺戮是一件不必多想的事情，那麼他的工作非常有可能是放在遺址當中由兵器、遺骸陳屍位置來推測戰爭發生前後過程的具體戰況的還原。而另一位歷史學家過去只待在學院裡，所受的歷史教育僅僅只有人類精神與器物進步的文明史範疇，當他受邀請來探訪這個古戰場遺址時，想必肯定會將注意力放在前現代部落衝突的野蠻和愚昧，並且慶幸自己生在文明史較爲光明的時代當中，同時也將這個案例當作人類正逐步擺脫蒙昧與野蠻的證據。

正是由於歷史認知主體所存在的時空經驗會將人們認爲「應該視爲眞實」的歷史對象加以連結成「現實即眞實」的過程，所以我們才會從上述案例中看到兩位歷史學者看待歷史事實的差別，一位認爲人類衝突是理所當然的道理，因此看重的是衝突過程與物質分面的眞實，另一位則在自身的教育裡體認到人類的文明與進步確實存在，所以文明誕生以前的野蠻與落後也確實存在，古戰場的遺址不過是強化了兩人對他們認爲眞實存在的事物的信心而已。

正如同開頭所舉的樹倒的例子，我們看待歷史其實就像是鄰居給我們的陳述以及身處屋內所能感受到的周遭環境所做出的綜合判斷一樣，甚至我們完全無法走到戶外去一睹歷史的眞正面目。所謂歷史的眞實不過就是個體所認知的現實的延伸，即便個體能夠發現更多的歷史材料，終究也逃不過被個體的現實認知加以詮釋的命運，除非個體本身並不承認那些材料的存在。而個體所認知的那個現實也並不代表是個體的主觀意志，恰恰相反，現實是個體意識中那不由自己意志控制的外在世界，它包覆著個體對一切外在事物的認知，因此包括歷史知識也必然在這一切外在事物當中，僅僅只因爲每個個體所占有的時空經驗不同，也就造成了不同個體所經驗到的外在現實之不同，最終造成了對歷史認知的不同，這並非只是個體本身立場的問題，而是人類認識事物的必然侷限，也因此歷史眞實對一個人來說就只有一種認知，即便是一個社會對歷史具有高度相同的認知，但社會中的每個個人對於歷史的實際想像恐怕也是不大相同的，只是在某些具體符號上做出了相似的選擇而已（比如大多數台灣人都會把二二八定義爲大屠殺，但是對細節的認知，比如政治互動或反抗圖像或歷史情感，肯定還是個言其是），所以即便有一本詳細且授全社會公認的歷史課本存在，也同樣無法涵蓋每個個體對理解歷史事物的特殊和極爲隱密細微之處。

第三講　論史家的任務

歷史學家不僅僅只是「記錄過去」，而是爲了「豐富人們對現實世界的想像」而記錄過去。我們往往只看見歷史學家用各種方式去記錄過去事物這樣一個現象便認爲那就是歷史學家的天職，而沒有進一步去思考歷史學家將記錄過去當作一件工作究竟是爲了什麼目的。人們所處在的那個當下首先是由自己的感官直接建立起來的，而思想的延續性也只能透過「我當下是這麼認爲或記憶」來確認，並沒有一條非常強而有力的過去知覺直接把過去每個當下的知覺感受通通連接到現在這個當下（或許是人的腦子可能會無法負荷的緣故）。因此，歷史學家的責任便是要在某個當下「召喚」人們對於過去的想像，以用來面對這個當下可能需要的各種認知。

最原初的歷史學家或許不是現在這種能夠從過去事物發展之中去推敲未來可能發生之事務的知識份子（如某些推測未來人工智慧科技的社會問題的歷史作品），也不是那種將某個領域或生活空間有關的點點滴滴記錄下來的專業人員（如國會會議紀錄或者地方文史工作者）。那位原始的史學家或許的是一位渴望紀念自己已逝親屬的部落長老，或者是想透過經驗記憶來告誡自己族人打獵或打仗所要注意事項的武士。最原初的歷史其實就是人們與外在世界互動中產生出的認知回饋與試探，我們一方面從某個當下中發現了過去，卻又同時想藉由過去發現未來。

對一位歷史學家來講（不論專業或非專業的），他所接觸到的歷史絕對都是現實的，即使他本人自認爲他所發現的那段歷史像是與他所處的當下時空是分離的，但只要是進入到他的認知範圍內的歷史事物通通都是屬於現實的。因爲「現實」所指的並不僅僅只是所謂「當下」的那短暫時間，而是指在那個當下對所有能夠意識到的過去、現在以及未來的所有存在，這些存在總合起來便是現實。歷史學家即便是接觸到一段古羅馬時代的歷史，也必定是屬於現實的，他認爲古羅馬帝國確實存在便是他在研究的那個當下的社會大多數人早已認爲羅馬帝國是眞實存在的（透過教育、遺跡、口傳或各式認知媒體等等），而那些來自埃及的遠古雕刻石柱不過也是在那個當下被挖掘出來並進入到了歷史學家的認知當中而證明這便是古羅馬帝國的遺物。因此，不論一位歷史學家研究的是怎樣的題目，或者其背後動機爲何，他所產出的實際成果必然都是現實的。

那麼，現實（real）是否等於「眞實」（truth）？我們可以說現實雖然會影響我們對眞實的判斷，但眞實可以在不同層次上不等於現實。一位抱持著老國民黨觀點的歷史學家可能會在整個台灣社會越趨於本土化認同以及許多不利於他的資料越來越多被「發掘」出來的情況下而被認爲是不眞實的（即便我們知道他的觀點的存在），但另一方面，那位老史家年輕時所受的教育、研究接觸的史料以及當時普遍的社會認知，即便從我們的角度來看也能理解，那絕對是對他而言相當「現實」且

「眞實」的體驗。正因為我們對於眞實的體驗是不斷受到現實中各種因素的干擾，因此「絕對的眞實」才無法被人類世界所找到，人是活在現實的動物，而眞理（truth）不過是人對現實的「一種想像」。所以說當我們在審視歷史學家們的創作物時，可以同時知道這些歷史作品對應的都是那些歷史學家的現實，那些現實雖然在歷史學家腦海裡或許是眞實的，但對我們來說卻不全都是眞實的。

從歷史學家方面來看，他們是否應該為此而憂慮自己的作品到底符不符合現實或眞理呢？答案自然也是不必多慮的，一方面既然一個人當下的合理認知便是事實，那麼歷史學家只要按照自己認為合理的方式去陳述歷史，便已是符合他所處的那個現實中的歷史。而另一方面，歷史學家面對眞理更多的是需要信仰，他只要能夠認定自己的寫作出發點、研究方法以及表達方式是符合他所接受的眞理觀體驗那便是他的作品唯一能通往眞理的路徑。歷史學家是他們各自現實中的一份子，只要帶著一顆誠懇炙熱的心靈，他們經過精雕細琢的筆必然也能寫出他們思想世界中的眞實歷史。

第四講　歷史與社會

一部歷史作品對一個社會來說具有怎樣的象徵意義？有的人或許會認爲在某個時代當紅的歷史作品或論述即代表著那個時代社會上所有人對其的絕對認可，又或者也有人認爲歷史作品之所以呈現在我們當下所能接觸到或看到的那樣全都是由某個支配著當代的巨大權力正在運作的關係。不論是哪一種觀點，都可以說是部分得符合歷史與其所處社會之間的關係，但是，正如我們所認知的社會往往也是由我們透過主觀認知與實踐去串連起來的一系列具有意義的認知實體，歷史本身也不過是其創作者與認知者們透過一系列具有意義的認知和實踐所形塑出來的。（也因此，某些歷史作品的創作意義超過了某些讀者的認知範圍的話就會失去任何積極的意義而徒留文本的存在而已。）

我們以法國歷史學家費南德・布勞岱爾（Fernand Braudel）的作品《飛利浦二世時代的地中海與地中海世界》（Méditerranée et le monde méditerranéen à l'époque de Philippe II）爲例，這部著作誕生於第二次世界大戰初期，是布勞岱爾歷經德國戰俘營的精力後所寫下的經典作品。對布勞岱爾來說這部作品是他在戰爭期間往返於地中海各地後所得到的深刻體悟，他發覺對歐洲人來說地中海沿岸的人類經濟與政治活動是由這一特殊的地理位置所形成的超巨大文化社會實體，這一實體主宰的歐洲過往所有歷史事件的發展基調。從這部作品當中我們也可以發現布羅岱爾作爲一爲成長於世界大戰以前的老歐洲人，他所關切的歷史敘事不在於國族主義敘事或者全球史的敘事，而是在歐洲人做爲一個歷史集體的過往，他認爲這是被民族國家所撕裂的歐洲人們所遺忘的。

布勞岱爾在他寫作《地中海》的時代並不是當時法國社會或者整個歐洲知識圈都流行他那樣的觀點，在他之前不僅有德國史家奧斯華德・史賓格勒（Oswald Spengler）以抽象的文明精神史著稱的《西方之沒落》（Der Untergang des Abendlandes）大爲流行，同一時期也有阿諾德・湯恩比（Arnold Toynbee）以全球爲單位所著成的諸文化、文明的大作《歷史研究》（A Study of History）稱霸於當時的歷史學界，其他傳統的政治外交史或英雄史詩傳記等等的作品更是在學院內外都難以撼動。布勞岱爾面對當時流行的歷史觀點或是學術權威典範並沒有因此屈從於哪一種已經流行或者被肯定的觀點，而是很自然的將自己所觀察到的現實化作考察歷史的模型而形諸於筆墨文字當中，正是因爲對布勞岱爾來說社會就只是「那個樣子」，而他不過是把社會的「那個樣子」給呈現出來，而事後確實也引起了當時其他人們的共鳴並成爲西方史學的經典之一。

所以，歷史並非是一個社會過去的濃縮版本，而是史家與認可其觀點的讀者們所以看到或認爲合理的社會現實之一，這群人可能佔社會的絕大部分，但也可能只是屈指可數的幾個人，但不論如何他們對於這套歷史敘事的看法視同是眞理，這樣的眞理觀不論後世如何去形塑其權威或全盤否認，都無阻於這群人在當下的認識，也正因爲如此，歷史與社會之間的關係往往是相對的並且須由主體加以認定和詮釋。布勞岱爾的歷史著作或許對當時的法國或者歐洲知識份子來說具有振聾發聵的認同感，但傳到中文學界或者台灣主流史學界後就僅僅只剩下學術權威上的意義以及方法論的意義，中文讀者或者是身處在當代亞洲在看了布勞岱爾的文字敘述之後或許很難有貼近現實的共鳴，也很難跟現今的歐洲史學有所對話。但這並不代表布勞岱爾的作品失敗或著沒有抓住某種超越文化與古今認知的「客觀性」（對人類的創造物來說幾乎不存在），而是如同世界上有者形形色色的人們同時也就有著形形色色的觀點，這些觀點會隨著時間變遷而改變其影響力，但對於「相信」這一觀點的人們來說那個當下的認知即是眞理，一部歷史是否足以代表一個社會也都是由特定觀察者去加以關聯和詮釋，而這樣的行爲在絕對客觀（比如某種上帝視角）的情況下並不能去評判正確與否，只能交由未來的人們再去評判與關聯，我們所要做的就只是種好自己眼前的花園即可。

第五講 作為一種精神動力學的歷史學

當我們嘗試用某一種方式將我們思維中所要表達的意向加以實踐到外在世界並渴望藉此得到相應的回應時，我們可以說自己正在從事一門關於「精神」（ideal）的學問，這也就是「精神動力學」（Ideal Dynamics）最主要的課題。歷史並不僅僅只是單純的紀錄過去而已，或者說即便只是記錄過去也同樣都是爲了某個目的而記錄過去，這些目的都是渴望透過歷史書寫的方式去影響寫作者在寫作當下所身處的那個外在環境。所以我們可以說，歷史學即爲一種精神動力學。

然而，當我們要追問歷史學何以能夠影響它所存在的那個世界時，便會遇到眾多方法論上或知識論上的問題，以至於直到今天人們仍然對歷史學如何給予社會或個人生命意義還是莫衷一是。歷史學本身彷彿就如同人們使用語言表達一般，在使用的當下便含有諸多意義，比如資訊交流、追問知識、情緒發洩與動員人群等等。歷史在被寫作的當下也並不一定就存在著敘述者本人唯一且清晰的目的，但從某個歷史敘事渴望被人們寫出來這點來看，歷史所追求的那個精神動力很明顯的跟人群之間的關係息息相關，也就是說歷史不論作者有意無意去發揚某一「道德」觀念，就其本質來說還是具有道德性質的。但是歷史的道德性質並不是單純的善惡問題，而是規範性的問題，有些歷史，比如物理科學進步的歷史，其所訴說的並非單純的去揭露這個歷史進程好壞，其中更是要去規範「什麼是物理科學」以及「何以判定物理學之進步或改良」的主旋律。

歷史從誕生的那一刻起便被賦予了規範的意義，即使現代歷史學將這種規範從學者的腦中隱蔽起來，也同樣阻止不了學者寫作時無意間流露出的「對現實世界的規範性詮釋」。一位學者認爲自己只不過是依照前人所訂下的方法與問題（甚至表面上不帶有任何價值判斷的性質）而老實的處理自己功課時，事實上在他執意要遵循那些方法與問題的那一刻起便已經是爲自己的歷史敘事提供了一「規範性」的架構，他的工作在無意間便由他自己所表達的語言常是對他所處的外在世界做出一種規範。當歷史學嘗試擘劃一個過去的世界時（不論表面上看來完不完整），它就已經是爲外在世界提出了一種（有時非個人人格）意欲上的規範，這樣的規範並嘗試要它所處的外在世界向它做出回應。一位歷史學家希望他身邊的人們能夠知道他在寫什麼的時候，那他早已經對他身邊的人做出規範了。

因此，當我們開始敘述歷史的當下，便是嘗試用自己意識或潛意識中規範後的思維世界去影響那個存在於我們思考之外的世界，我們不必害怕這種嘗試影響外在世界的企圖會被否定，因爲即使所得到的結果並不是當初自己所預期的，但只要自己非常確定的對外在世界做出實踐，那麼相應的反饋也是在或進或遠的將來出現，並且處使我們對這一回應做出肯定、否定、反擊或修正等等，歷史學也正如人生中的每一樣事物一樣，都是不斷挑戰與回應。最重要的是，史家是否具有信心將自己當下所認定的歷史事實或眞理敘述出來，所謂的精神動力學也不過就是這一將自己認知表達出來的學問，而爲了這一表達而產生了許多諸如寫作環境與習慣、意識形態、專業訓練、知識論乃至形上學的過程問題之探討。

回顧當代的歷史學，我們可以所在僵化的專業領域裡，一些受到專業訓練的史家因爲缺乏這一對知識表達的認識而逐漸遺忘了歷史學在個人生命與外在世界互動的關係，從而喪失了研究歷史或學習歷史所欲追求的那個終極目標以及史家對描述自己所認定的眞實與眞理（往往與客觀性搞混在一起）的執著。或許追尋最原始的寫作熱情才能讓專業史家們認知到他們的天命之所在，從而不再迷惘於制度與專業團體的成見的壓抑，就像一位因音樂家不再受制於學生時期那種爲了成爲音樂家而坐的那種刻意訓練，他將盡可能地撿拾那些能推動他演奏心靈之樂譜的方法，而丟棄妨礙其順心演奏的一切因素，然後將自己認爲覺得最接近自己美感的樂曲給演奏出來。

附論一　台灣歷史教育的內容和結構

各位同學大家好，今天是我們台灣史的第一堂課。這堂課我們要先來說明各位將要接受的台灣歷史教育主要有哪些具體的內容和意義。

首先，先問一下各位同學，爲什麼我們要學習台灣史？學習台灣史對我們來說有甚麼意義嗎？

針對這個問題，我們在座的各位一定都有各自不相同的答案，或者單單只是認爲這是教育部要我們學習的內容範圍而已。

但老師必須說明的是，學習台灣歷史爲的是要讓我們更了解自己所身處的這塊土地，就像你是一位剛來到學校讀書的入學生一樣，一定會想快點了解這所學校所有的環境事務，好讓自己能在熟悉後很舒服地融入校園當中。學習台灣的歷史也是同樣的效果，透過認識這片土地的過去發生的事，以及這些過去發生的事與現在的關聯，同學才能夠知道那些充斥在我們身邊許許多多有關文化、政治、經濟之類的東西事怎麼來的。當你們了解了這些事情的來源之後，也就更可以對這些事物抱持比較開放的態度，對生活在台灣也會有更多的認同。這就是你們將接受的台灣歷史教育所希望你們能夠達到的學習效果，也是政府教育部近幾年來推行「本土化教育」的中心思想。

既然說明完了學習台灣史的意義後，更實際的問題是，我們要學習那些東西？

在過去的歷史教育裡習慣把台灣的歷史分爲五個時期，分別是：「荷蘭、西班牙殖民時期」、「鄭氏政權統治時期」、「清帝國統治時期」、「日本殖民時期」與「戰後黨國統治時期」。這樣的歷史分類主要是從少數外來統治者的角度以及他們所留下的文獻資料來做分類的。但是，從統治者的角度來看待歷史，往往對當今平民大眾來說過於有距離感，不僅很難同情理解統治者的心態或政策，更看不到當時其他本地住民的想法和反映。尤其，我們現今的社會多強調「多元平等」，那麼，少數統治者的歷史顯然會忽略掉台灣許多族群和團體在歷史過程中所扮演的份量。所以，今年（二〇一九年）各位的台灣歷史打破了以前的分類方式，改採用注重台灣各族群和底層文化的內容來編寫。例如，我們新的歷史教材開頭所要教的原住民族的歷史，在過去的教材裡都是被不同時代所分割，而且在每個單元也總是簡單幾筆就帶過而已。如今，透過將原住民族有關的歷史結合成一個教學單元，不僅僅代表著對原住民族的尊重，也意味著原住民族也跟其他族群一樣是有的連續而且淵遠流長的歷史的。

除了文化族群之外，今年所採用的課本也相當強調台灣在地理位置上對歷史所造成的影響。台灣位處東亞地區的中心，上至日本、下到菲律賓、左邊鄰近中國和整塊東亞大陸、右邊是一整片的太平洋與各個小型的島嶼國家。從歷史上來看，台灣原住民族所使用的南島語系語言在太平洋中央各小島、菲律賓與東南亞地區的原住民族屬於同一類，而十六世紀隨著航海技術發達從歐洲抵達亞洲的荷蘭人與西班牙都把台灣當成與附近各地區貿易、運送物資的重要據點，在清帝國時期台灣則因政治因素被納入了東亞大陸政權的管轄而使漢人大量移入、定居，日本帝國統治時期的台灣因隨著全球資本主義化與帝國經濟附庸的腳步變成日本帝國向南洋發展的重要跳板，直到現在台灣仍然是許許多多文化和族群匯聚的地方。因此，當我們從台灣的地理位置看待歷史時，其實也就是在看台灣在歷史上如何與世界上各個國家互動，同時也能認識到這些外來的文化最後如何在台灣落地深根，成爲台灣文化的一部分。

台灣的歷史不只是因爲其本身就是多種族群和文化不斷累積、磨合而形成的歷史，更是由於我們當今因爲對某些價值的重視（如民主、多元和群眾視角等等）而造就了我們能從更有別於以往的眼光和歷史思維方式來看待這塊土地的過去，並且由這樣的審視進一步思考生活在這塊土地上的我們可以從中找到屬於我們自己如何面向未來的知識指引。這也就是我們今天在這裡學習台灣歷史的最重要的意義。

以上就是我們學習台灣歷史所要注意的基本概念，未來在學習具體的歷史內容時同學們也可以細細的體會我今天所說的這些話。

附論二　當代史學論析

歷史學最初不過是文字使用者爲了描述他所身處的眞實世界之過去而寫作的一種文體，這種文體除了是描述過往以外，在方法論上並沒有嚴格的規範，也因此古代史學的處理資訊或寫作目的都可以是爲了五花八門的理由而寫作，有神話、藝術詩歌、文學、時事評論、宗教教育與街談巷議等等。然而，近代史學在現代大學制度中成爲了一門專業的學問，必須依照學院之內所規定的制度和典範來進行歷史的研究與教育。歷史學的材料也漸漸從原先較爲自由多元的資訊來源轉爲嚴格定義且並須符合學術習慣邏輯的文本資料（例如外交檔案或重大政治事件的紀錄文本等），歷史寫作的主題（至少在學院體制之內）也不得過於遠離學院之間習慣或可接受的創作主題（基於嚴格學術審查制度的承認，學者不可能去寫作太過特立獨行的主題，就像在世俗大學裡不太可能有展示神學價值的歷史作品出現，不論作者是否持有信仰）。於是當代史學在學院制度逐漸強大且具有壟斷合法性的情況下，成爲了當代絕大多數受過教育的人審視歷史的唯一途徑，即使學院之外也就有一些受人景仰及信任的文史工作者或歷史作家，但他們也不過是在學院史學價值觀上稍微游離至人類更多元的接收歷史方式一點，絕非能夠在同一個社會中打造能與學院史學相對立的歷史典範或價值觀。

當代學院史學的強大正如同當代物理學不可能脫離牛頓的引力法則、愛因斯坦的相對論、電器與熱能的普遍理論等等。從利奧波德・蘭克（Leopold von Ranke）所開啓的學術典範直到由各國各地學術圈進而發展、修改的史學寫作模式主導著世界各地人們對過去世界的普遍認知以及認知的途徑，除了被學院加以承認的「正典」以外，大多數古代描述過去的文本或傳說都是能被放在文學、神話學或者僅僅只是具有部分參考價值而已。但即使是學院史學也必然是不斷更新及不斷反省，而促使這些反省與更新不斷進行的便是社會的變遷以及史家作爲一個佔據獨特時空的個體在認知上所具有的獨立性。歷史的寫作之所以有必要就是因爲每個個人都是生活於一個特定的時空無法重疊，而這一特定時空中所能經驗到的一切必然又會與另一個時空所經驗到的一切截然不同，每個當下所經驗到的又與另一個當下不同。人便是爲了要傳達或克服出這些經驗的不同，才使用描述經驗的方式來表達，而歷史也正好是一種描述經驗（不論是親身體驗或知識認知上）的學問。

所以說，對一位歷史學家來說，不論他是否願意遵守自己社會中的學術規範，他都必然要誠實面對自己的經驗以及對眞實和眞理的價值認定。以台灣的歷史學界爲例，過去將近有五十年的時間學術圈所流行的都是由梁啓超時代所訂下的傳統中國史觀及中華民族認同，那是由中國國民黨遷佔台灣所位了維持其統治基礎所扶植的學院生態與制度的產物。然而，隨著一九八〇年代國民黨的權威走向衰弱，新一代成長起來並且成爲繼承體制中間的台灣人有感於反抗既得利益權威以及更新不合於新世代台灣人認知的觀點，於是嘗試去建構一套以台、澎居民爲認知主體中心的歷史觀點，也就是當代台灣史觀的起源。近來更是由於對中國強權權威的質疑，而誕生了一系列對東亞王朝史觀的全面反省，這很多更是得力於留學歐美日等地的學者依照有別於中華民國傳統學術的研究方法訓練而獲得的突破。從政治變遷的角度來看，更是因爲台灣人漸漸能夠取得中華民國體制的執政權，而漸漸衍伸去和過去強調悲情、社會進步、改革與革命等左派台獨史觀不同的右派台獨史觀，如劉仲敬或余杰等流亡右派反中歷史作家，之所以如此受歡迎也是在於這一批作家一定程度上能夠給予台灣人對掌握權力的責任具有肯定價值，而不會在政治實踐上採取消極否認的態度，同時又滿足了學院派史家過於審慎、規矩而遲遲不敢給予台灣人統治正當性的缺憾。對於生活在當代的台灣歷史學家來說，如果他是一位勇於面對未來變遷以及誠實於自己對某些價值的堅持，那麼，或許他應該試著游離出循規蹈矩的「職業」，並努力在「志業」當中打造出適合當代或下一代台灣人的歷史典範。

附論三　論歷史意識

歷史意識是由認知主體對現實世界的過往具有延續性的想像，這樣的想像會使得個體認爲在超越自身能夠直接感官的當下時空之外，尚有一個由過去連接至認知當下的巨大世界存在。歷史意識的存在使得人類即使仍無法摸清整個外在世界的全貌，卻能夠藉由這樣的意識拼湊出一個至少能夠辨認自身存在的表象世界，這樣的意識足以說明自己身在怎樣的表象環境裡、自己如何確認自己的身分以及這個世界是否具有一些雖非絕對但足以參考的經驗法則存在。如果缺少了歷史意識，我們很難說自己爲什麼站在這裡、自己又是誰以及意識上我該依據什麼來作爲行動的標竿。

要辨認出歷史意識的存在，我們往往需要透過符號來認識過去的世界，符號在一個特定的環境中由一個特定的主體辨認，便會開啓某一特定的歷史世界。例如當我們來到二二八紀念公園的紀念碑之前，看著這一紀念碑上的銘文，字裡行間所訴說的那個過往世界，正透過我們自身的經驗想像與價值判定回溯到幾十年前的那場悲劇之中，而從此以後二二八這一概念便會成爲一個主要的抽象符號，伴隨者其他較具體的經驗符號如受害者、文獻檔案、紀念碑及政治意識形態等等不斷提醒著認知主體這一眞實歷史世界的存在。

歷史幾乎可以說是用各種符號在影響著我們對世界的認知，透過那些符號我們能夠想像自己是誰、有怎樣的過去、面對其他事物時可以怎樣看待，以及行動時心中所依據的想像是什麼。歷史意識是人們將自身經驗加以放大的想像，所以歷史意識所呈現出的歷史想像雖然就如同一個人的個性一樣好辨認，但也如同人性一樣複雜無法用三言兩語交代完畢。例如一位歷史學家，我們可以從他的著作中去猜測這個人可能是一位大中華中心論者，但在他說描述的那些具體細節裡，我們也很難說他與另一位同樣有大中華中心論傾向的史家一模一樣，這是因爲兩人的生命經驗以及想像歷史所憑藉的材料有所不同的緣故，也或許是兩個在細微的性格上之不同而對相同事物具有不同的觀看態度和角度。每個人的歷史意識或許會由於大環境的教育而具有相類似的某一傾向，但每個人進入歷史的方式與緣分也都所有不同，這些差異便會導致每個人使用歷史意識的方式以及其中具體的內容有所不同。所以說，如果一位歷史學者想要打造出一套永遠不會過時或被挑戰的歷史教科書，那或許只是癡人說夢，即使是透過威權獨裁的手段來統一化被統治者的歷史意識訓練，那也一定會在複雜人性中的某個深處燃起反抗的火苗。

歷史意識的訓練在當代學院史學的權威性以及國民義務教育的推動下被認爲只能從單一管道汲取的資訊（學術論文或教科書）才是其想像憑藉的來源，然而在家庭生活中、在影視戲劇中、在遊戲娛樂中、在政治宣傳中以及任何自身生活的方方面面中都存在著讓自己進入到某個歷史世界的想像來源，甚至比那些白紙黑字所寫成的教科書或論文更具有建構能力。學院派的歷史學者即便想要將前者的干擾排除到近乎於無，但後者所論說的主題和具體內容也往往只能靠前者的填充才能被有效想像，很難說一本談浪漫主義（Romanticism）的書籍，如果沒有放上的歐仁・德拉克洛瓦（Eugène Delacroix）的圖畫或者約翰・沃夫岡・馮・歌德（Johann Wolfgang von Goethe）的文學作品就很難只靠字面去憑空想像浪漫主義的概念，更不用說兩位的藝術作品本身也是需要對人類複雜的情感與現實的政治革命有些經驗性的想像才能共鳴。

但我們也無須對歷史意識背後運作的龐大且複雜的原理感到卻步或束手無策，正如同人的感官也是由對單一事物的辨認漸漸組合成一個包覆主體的表象世界，歷史意識運作的種種細節我們應該尊重個人的稟性與機緣任由他們自然成長，而在我們認爲能由操作符號來影響他人歷史意識的層面上來發揮自己作爲世界一員的影響力去寫作、去創作、去思考、去反省，如此便是人類面對他們自身歷史最好的安排。意識是人類認知中最複雜的一面，人類唯一能做的就是認識意識的複雜性與有限性，並且相信在意識當中實踐也是有可能產生的。

附論四　論民族發明

民族國家（nation-state）是近兩百年來才產生出來的政治制度，它是由十七、十八世紀歐洲王權擴張，掃除了多數封建勢力後，首先形成了大範圍領土的中央極權體制，而後再經由中產階級和群眾發動階級革命或改革後重新分配領土內所有居民的政治權力，並且越接近當代國家內的群眾越具有實質統治的權利，而這一切合理化群眾基礎的過程，便是發明民族（nation）這樣的概念。

而所謂的民族發明（invanted nation）是要為現實政治中的權力已成或欲達成的分配提供一套說詞，這套說詞一方面能夠讓接受者認為是可欲的或絕對眞實的，藉以達到維持或動員權力的能力，另一方面民族發明也成為近代民族國家體系中各個政治單位用來互相辨認彼此身分的依據，即使如當代歐洲那樣反對用民族形式來辨別國家身分，但他們依然只能在自己民族發明中說明自己是誰，例如法國人的巴黎、德國人的啤酒、瑞士人的鐘錶等等。

民族國家的民族發明可以依照各種形式被發明出來，比如說是具有共同的政治訴求，或者共同的語言文化，或者共同的人種膚色等等，但以上種種具體經驗的訴求如果能夠透過系統性的整合起來的話，那麼民族本身的存在感也就越加強大，而這種工作往往就是「歷史性」的工作。歷史不只是能夠把民族的各種元素陳列出來，更重要的是歷史爲民族提供了一套世界觀，在這套世界觀裡面被發明的民族的存在在方方面面都是能自圓其說並且難以被全面挑戰的，只要這個民族發明所指涉的那個群體的權力結構並沒有發生任何改變或脫節的話，所有理論上的針對都不可能完全否定那個民族的存在。如果中國當代的社會權力結構並沒有離開他們自稱是繼承華夏五千的文化而來時的那個狀態相距太遠的話，不論這是由於獨裁者掌握權力或群眾默許的共識的認知，即使後來有了一兩篇研究論文能夠指出華夏民族並非一個眞正具有歷史延續性的共同體，那也無損於中國的民族發明在中國本身的權威地位。

然而，要討論如何透過歷史來發明民族，我們就比需要先知道歷史的「眞實感」完全得自於「現實感」，如果當代人無法從現有的經驗當作媒介去想像歷史的話，那麼那樣的歷史論述只會被當成無法理解甚至是不實的。所以說，一套好的歷史民族發明論述要能夠生產，也必須要考驗歷史學家對現實文化習慣或權力運作邏輯的靈敏度，只有緊緊抓住現實才有可能發明出「眞實的」民族。以台灣爲例，黨外時代的知識份子們將台灣人口分成四大族群（台語族群、客語族群、原住民族群以及四九族群），並要求執政當局實現這四大族群的平等共治。這樣的訴求以當時的時空背景來說，一來確實符合當時人口文化較明顯的分野，二來在當時的被統治族群尚無政治實力改變統治權力的情況下，承認統治族群也具有平等的政治權力是一種權衡之計。到了台語和客語政權開始能活耀於政壇上之後，過去一些能被黨外知識份子接受的權衡發明也漸漸受到挑戰，比如說中文在官方地位的挑戰，以及台灣人口與南太平洋諸文化之間的親密程度的問題，以及四九族群在民族國家忠誠度的問題，甚至是民族國家本身的自我定位。這些新的關於民族發明學的問題都是由於這三、四十年來社會權力結構不斷變化所導致，這些發明或許在老一輩跟不上時代的人眼中是極其荒謬的，但在緊緊跟個時代成長的年輕一代人心中確實非常具有討論意義的。

在一些追求純粹學術客觀性的學者眼中民族發明是非常不眞實的，但那往往是因爲學者們常常會忽略歷史這門學問在目標以及功能上的複雜性，這只能緊緊跟著社會本身流動，體會人類對於認知的渴望來自於自身在整體世界當中生存與辨認存在的焦躁感。人類對知識的渴望來自於有意無意對自身利益的追求，如果某樣知識並不與某人的利益有或近或遠的瓜葛，那麼那樣的知識對那個人來說既沒必要追求也不可能追求，就等同於不存在一樣。

雜論篇

時代筆記：我們這個時代的負擔

現實政治中的民主進步黨

誕生於解嚴前夜，歷經非法組黨運動、成爲台灣國會唯一本土勢力在野黨到現今的完全執政，民主進步黨（簡稱民進黨、DPP）可以說是台灣人從中華民國國民黨殖民下完成政權奪還的政治代表。然而，台灣人建立完整的民族國家政權的歷史任務尚未結束，對內需脫離中華民國憲政制度，對外則要面對中國政權日益緊密的兼併策略。二〇二〇年民進黨代表總統參選人蔡英文以八百一十七萬的選票順利當選連任第十五屆中華民國總統，成爲目前台灣總統普選史上最高票候選人。這背後也意味著，面對中國兼併的壓力，以及二〇〇八年與二〇一八年本土政權全面挫敗的經驗，台灣人逐漸領悟到在現存制度下追求「現實政治」的重要性，唯有在台灣人「權力」的鞏固下，才有進一步追逐「權利」的可能性。

現實政治又稱爲現實主義或權力政治，顧名思義，也就是政治實踐者在政治場域內需對其中的權力分布有所理解和掌握後，再進行風險較小、效率較佳的政治決斷。從古希臘哲學家亞里斯多德（Aristoteles）的《政治學》（Politics），到近代文藝復興時期的尼可洛・馬基維利（Niccolo Machiavelli）的《君主論》（Principe），都強調「好的」政治實踐必然奠基在原先既有的權力分布之上。奠基在原先的權力之上並不代表向現實完全臣服、隨波逐流，而是爲了盤點與匯聚現有的政治權力，使其成爲政治共同體或政治實踐領域中最能代表其中成員利益和高度正當性的行爲。

回到民進黨本身，身處於台灣民族建立前夜，具有高度政治社會資源整合力的政黨必然要以接近本質上單一而具有強制力的方式來進行新國家的打造與資源再分配，這是所有現代民族國家建立過程中免不了的一步，不論意識形態再怎麼強調開放多元，實際上的現代國家必須先在一「權力點」上匯聚，然後再分配新的權力（利）和資源。目前的態勢，或許可以稱之爲民進黨（台灣）的「國家統合」階段，在國家統合的邏輯裡會產生明顯的敵我二元之別，將有利與國家統合之事務視爲友好的、善的，將不利於國家統合的事認爲是具有敵意的、惡的。這樣的現象並不是因爲參與這一政治過程的人們都是盲目或愚笨的，而是參與現代民族國家的人群可以很清楚感受政治共同體—權力—權（福）利的三位一體性，有「權力」的國家公民爲了自身的「權利」而試圖去影響「政治共同體」。當今的台灣人與民進黨正處在政治共同體—權力—權利高度符合的狀態，並試圖在影響範圍內排除不符合此一結構的政治事務，直到取得永續保障民族國家資格為止。民進黨擔負著建國黨的任務，這是一個歷史的考驗與必然過程，不論觀察者對此一現象的好惡，都不可能有任何客觀上的改變。

憤世嫉俗的形上學

「宗教是人民的鴉片」
——卡爾・馬克思（Karl Marx），一八四四年。

人類在其短暫生命過程之中所承受的那些痛苦根源總是隱藏在超越其認知能力本身的結構或自然因素。然而，如果將宗教視爲人類排解痛苦的結果，那必然會發現人類的存在本身就相伴著痛苦，因爲痛苦存在，因此人類必須要預設或想像一個「不痛苦」的情境來緩解或解決當下面臨的痛苦。除了「驚奇」（Amazing）之外，痛苦也是促使一個人探索自己世界的原動力，人們藉由構築一個自己認知所能達到的方式去合理化自己的苦痛，於是宗教便產生了。宗教是形上學的一種表現形式，而形上學是人類對經驗難以達到之處所做的推理和想像。古代的人們透過宗教與形上學思考自身存在且受苦的意義，對他們而言，上帝所賜予的是一種宿命論的想像。

十九世紀以後，隨著工業資本主義與國家官僚技術的快速進步，人們彷彿已經能夠掌握那些過去所無法掌握的自然與人爲因素，於是關於「社會」（society）的學問（科學）應運而生。「社會科學」成爲現代世界人們爲了要理解與想像超越人們能夠完整認知的「社會」之媒介，也就是一種新的形上學誕生了。科學與現實世界在此刻產生了一種弔詭，從現實生活中所觀察、採樣的種種元素，通過理論化的推演結果卻可能產生不切和未來發展的科學結論。即使知道這樣的弔詭，現代人們卻也牢牢抓著這唯一認識是完整世界的方式，並付諸行動想要解決那造成他們日常生活痛苦的來源。

在當代政治的場域，時常可以見到憤世嫉俗的人們引用著那些能夠使他們痛苦被合理化的社會科學論點，來加以指導或批判現實生活中所面臨的政治事務。對於那些權力較小、政治地位較低的人們來說，這種「憤世嫉俗的形上學」可以帶給他們一種超越實際統治者境界的快感，甚至把原本複雜的痛苦根源變成 1+1=2 般簡單且唾手可得的解方。這樣的認知也造成了大眾民主化的今天，容易在政治權力競逐的過程當中，假「科學」與「學術」之名扭曲了群眾對一個政治行動本身的目的和實踐手段的認知，最後只會造成一切政策（不論實際好壞）在執行上的困難，也降低了政治行動本身應有的效能。憤世嫉俗的形上學是一把破壞現有體制的利劍，卻也可能造成使用者收不回來，反而遭到吞噬的局面，這樣的例子在近三十年來的民主政治中比比皆是。

面對現代人的社會認知與政治行動的矛盾，除了政治行動者透過完善、合理的溝通方式來取得大眾信任外，在政治場域中的語言也要盡量避免那些使人永遠感到「憤世嫉俗」的意識形態成為權力主流的論述，只有認識到現實政治的有限性以及人們在政治領域中「具體而合理的願望」，才能眞正消彌政治行動者與現實政治之間的衝突，讓政治成爲可正常經營的重要領域。

被忽略的政治實作

現代政治往往被學者們稱呼為「巨靈」(Leviathan),用來形容國家政治的力量無遠弗屆,且鉅細靡遺,當渺小的個人面對國家政府時,彷彿無所遁形,一切都在這頭怪物的控制之中。然而,當人們總是以這般魔魅般的形象去理解國家政治時,也正意味著他們已經放棄了理解政治的權利,甚至是憲法保障參政權中相應的責任認知。

政治的基本單位是個人,個人的結合才能產生政治共同體,而那力量看似強大的政治力也是政治共同體中的人們互動的結果,這結果必然是可以被理解,而且有所限制的。現代大眾民主政治中的人們多數出於生活資源的限制,往往只能從政治人物的傳達,或是大眾媒體的報導來認識、想像那些隱藏在生活中的政治事務,但也因為這樣的限制,使得多數人永遠處在國家政治蒙昧狀態,他們有時將政治當作許願機,有時將政治從業員當作服務周到的服務生,而大眾選舉政治的效應又更加劣化了公民錯誤的政治認識,把民主政治的競逐當成是選擇投己所好的神燈精靈。

大眾民主的政治認識或許沒有真正能完美解決的溝通方法,但作為政府與大眾中介人的知識份子卻應該要善盡此一溝通任務。一般來說,知識份子的出身往往與公職系統或民間資產階級脫離不了關係,因此,他們比起一般大中而言應該更具有國家行政與政治社會互動的鑑賞能力。對國家有機知識份子而言，如何向大眾傳遞政策在社會實施的具體辦法和限制，以及向政府傳遞具體行政上能如何解決能夠解決的社會問題，都是其責任之所在。除非必要，否則知識份子應該避免沉迷在召喚「憤世嫉俗的形上學」的遊戲之中，因爲他們的根基和所有公民一樣都是國家，因該知曉國家的具體承受能力和發展極限以及社會文化傾向，如果國家瓦解一切能想像、能理解的都將化作虛無，最重只能任由被更大的力量擺布。

民族國家政治中的族群殘留

民族國家在政治上往往假設領土內的公民屬於個人、同質且平等的存在，但在實際的政治場域中權力的分布經常是由國家組成以前便已存在的權力分布來決定的，其中又以族群間的權力差異最爲明顯。族群在理解上可以用血緣氏族、階級或語言文化習性來進行分類的群體，在民族國家出現以前，族群可以說是個人生活中最基本、也最安全的單位，每個人也都將自己的族群視爲世界的中心。直到民族國家出現以後，族群成了被致力於消除的對象，透過消彌族群間的差異，達到國土內對單一國族的均質化認同。然而，消彌族群差異的政治實作必須要建立一個單一、本質化的民族標竿，這個標竿的建立常常也是依造現實主義原則或統治集團的意識形態去做設定的。

以國民教育爲例，在十九世紀民族國家普遍建立的時代，教育的制定是透過握有政治權力的民族資產階級的價值標準來設定的，即使是被認爲具有文化多元精神的美國社會，在十九世紀末時也曾推行一套以白人新教-央格魯薩克遜種族爲中心的國民歷史教育。然而美國所推動的國民教育也並不能夠眞正消除領土內各族群間的巨大差異，至今仍可看到白人與黑人、都市與鄉村以及北方與南方等等在族群利益或價值觀層面的衝突不斷發生。

就台灣目前的族群政治來說，主要分爲台語族群、客家族群、四九移民、原住民和新住民等五大族群。台語族群爲目前人口的大宗，在反抗國民黨專政時期，也多半以台語文化意識形態做爲號召，其後執政的民進黨繼承了此一反抗運動的意識形態，使得台語文化成爲目前本土派政治的主流。而客家族群雖然在民進黨中也佔有第二多的人口，但與台語人口對比仍趨於弱勢的狀態。四九移民來自中國各省，理應要有更加多元的文化性格，卻因國民黨所灌輸的大中國意識形態以及威權侍從體制的規範下淪爲認同結構最僵硬、最難以在後威權時代被撼動的族群，對他們來說國民黨的威權記憶是他們唯一能夠安然生存並作爲一切價值判準的世界。原住民則因爲政治參與人口稀少並且難以代表十幾個相異文化的部落，加上黨國時期對國民黨政治菁英的依賴，造成現今原住民政治菁英要不缺乏決策影響力或者選擇和國民黨菁英結盟。來自東南亞國家的新住民也類似原住民難以整合的現象，加上多數移民不具有選舉參政權，所以還不能算是具有政治影響力的族群。

從以上種種觀察可以知道，台語族群在目前的民族文化建立上占據的優越的位置，然而過去國民黨長期獨裁專政的結果，使得台灣社會仍是以中文和大中華主義爲其基本的國家意識形態。面對國家轉型的困局，執政的民進黨只能在社會多元競逐的名義下溫和的推動以台灣族群爲主的文化政策，並透過新的國民教育來動搖原先的社會基礎價值。畢竟，要在強調文化多元的時代建立具有單一性、特殊性的民族文化實屬困難，但族群間的權力差異與認同卻有可能會改變一個國家的發展方向。族群政治仍是現實主義政治所必須考慮的一環，對菁英的相互制約性是存在的，並不只是單單一句「認同自己是台灣人」就能解決。

當前的國際政治博弈

當民族國家佔滿了世界上最後一塊陸地以後，人們便不再擁有宣稱他們已獲得上帝所賜與的「奶與蜜之地」的特權，強權所維繫的國際政治環境壟斷著大地上的人們自我主宰的權利，弱小民族只能等待著以強權碰撞所散落的權力碎片拚湊出自己的容顏。

台灣民族意識始於一九二零年代，在日本帝國資本主義的全島統合開發以及族群差別統治下發軔，直到國民統治時期由於遭受長期屠殺和壓迫，終於使得台灣人產生了明確的建國意識。九零年代隨著國民黨統治權利的崩解，加上兩千年後由本土民進黨取得政權，終於讓台灣人自己當家作主的願望成真。然而，民族的願望並不隨著意志而實現，當國際政治環境都期待著中國的壯大崛起時，台灣成了潮流的犧牲者，被孤立在西太平洋，獨自面對極權政治的威逼利誘。即使如此，台灣還是順利挺過了國際政治的逆流，沒有選擇成為隨波逐流的奴隸。當美國警覺中國試圖取代原本東亞霸權的地位時，兩強的對峙開始改變了原先的國際政治風向。同時，隨著民進黨第二次執政，台灣在國際政治上已開始取得優勢地位。雖然台灣憲法尚未降生，民族的敵人仍虎視眈眈著，但距離眞正獨立建國的夢想幾乎只有一步之遙。這一步看似輕鬆，實為艱鉅，前方仍是不可預測的命運，只有上帝才能知曉台灣國家的降生之日。

上帝總是透過奇蹟引導著迷途的羔羊，人們要實現自己的意志也必須把握那得來不易的機會。建國的原則總是如此，除了國民對家園的守護，也必須要懂得抓準任何可能建國了機會。透過美中貿易的衝突，乃至全世界民主國家對中國的圍堵，站在抗中前線的台灣絕不能錯過這個機會，這是一次強權在東亞的碰撞，權力的碎片正不斷掉落，台灣人必須去拾取，然後造出自己的家園。台灣之於美國就猶如比利時之於英國，當歐陸強權企圖侵占比利時時，英國勢必出面壓制來自歐洲的勢力，而當台灣遭受來自東亞大陸的襲擊時，美國也不得不採取制衡的對策。台灣人只要能夠知曉這段國際政治史的潛規律，就能在兩強衝突中找到適合的博弈位置。博弈的結果是不一定的，但台灣可以從整體趨勢去提高自身贏得博弈的概率，走向美國與民主陣營正是最有效的辦法。台灣沒有本錢在強權擠壓下選擇中立，必然要順著最有可能延續民族生命與建國可能性的路線發展。當台灣人將一切國際政治博弈中所能做的都做到盡善盡美之後，她才有資格問心無愧的將自己的命運交給上帝，也才有資格宣稱自己的眞正自由的民族。

大眾民主時代的政治

現今人們所經歷的全民普選與參政是兩次世界大戰以來的產物，爲了彌補在戰爭中所動員的全國人口而實行的權力制度。當大眾民主的概念已成爲人們的日常生活一部份之後，伴隨而來的並非啓蒙運動知識份子所設想的以理性方式來實踐國家政治發展策略，相反的大眾民主正以相當的破壞力顛覆了十九世紀時期中產階級所假設的一切價值觀和生活方式，尤其是政治層面，已經無法再以任何具有理想性的觀念來界定大眾民主政治的眞實情狀，只剩下象牙塔內知識份子的天眞幻想。

無法被定義或規範的大眾民主並不意味著其中的政治實踐者就只能隨波逐流，成爲討好大眾的奴才或商人，而是必須經驗的理解大眾民主在人類行爲模式可能帶來的各種結果，以及擬定新的政治實踐方案。隨著二十世紀的科技與資本主義之發展，人類逐漸擺脫了舊有面對面的生活互動模式，轉而由新的傳播媒體提供人們新的交流方式，而這樣的交流方式會強化人們對特定事務的偏見，並且在傳媒同質性高的區域更有強化人們對潮流流行的執著感。換而言之，二十世紀以後的民主政治越來越強調「風向」的影響性，政治行動者只有在順勢依循大眾風向的情況下才有可能增加達成政治目的的機率。然而，風向雖是一種少數人難以撼動的趨勢，但此一趨勢仍是有人們主觀意志所集合而成，因此仍不可避免會應少數人的操弄造成便。於是可以得出一個經驗性的結論，那就是操作風向或「趁勢而爲」成了現代政治中不可避免的手段，不論人們在主觀價值上好惡。

這樣的結論或許會讓人誤以爲這是一種完全忽略民主社會中個人特殊需求的政治操作，但實際上對人們至關重要的政治風向操作本身也會牽連的每個個人的實際利益，只要這些個人能夠清楚其利益之所在，那麼，風向操作本身更向是民意的整個。然而，只有在一種內部運作情況下將造成國家民主制度的崩壞，也就是將一種似是而非的憤世嫉俗的形上學偷渡至對政治實際運作不太了解的大眾論述裡，最輕的結果是暫時扭曲的大眾的政治認識觀，最糟的狀況則是使大眾將政治兒戲化，最後將自己決定命運的權利的葬送掉。因此，政治行動者在風向操作過程中不可脫離大眾常識的理想化，對任何打壞實際政治行情的企圖都要提防。民主社會不能過度限制每位合法公民的政治參與方式，但也不代表一個穩健的政治共同體不能透過內部市場機制去淘汰對共同體本身有害的政治行動。古希臘哲學家亞里斯多德（Aristoteles）時代的民主制度雖然不同於現代大眾民主制，但其所提出的「共善」（common good）理念仍然是自古至今人類組織原則中最持久的一種方式，它意味一群擁有相同政治共同體意識的人們對集體內部政治操作的底線，是依賴內部成員的教育規範和經驗傳承，必要時則須法律制約。也唯有在不危及國家消極「共善」的情況下，政治風向的操作才不至於走向自我毀滅的極端。

「人民」概念的反思

今天人們所說的「人民」（People）指的往往是受到特定憲法權利保障的公民。然而，嘗試追溯人民這一詞彙被使用的歷史時，卻能感受這其所意指的是一群積極的政治行動者，而不是泛指一個民族國家中的所有人口。

那麼，究竟人民要如何與其他人口區別呢？著名的政治學者漢娜・鄂蘭（Hannah Arendt）在其著名的《極權主義的起源》（The Origin of Totalitarianism）中以法國大革命時的革命組織作爲人民概念的原型，鄂蘭指出當革命黨人在號召人民加入革命時，所指的並非是路易十六政權轄下的所有人口，而是一群居住於巴黎近郊、不分階級、具有相同國家想像的人們彼此結盟而成的團體。以此歷史典故爲原型的人民概念確實也相當符合近代以來所有政治鬥爭中所提出的人民之範圍，由於一個國家實際能長期關注政治的人口幾乎不可能超過五成，而五成的人口中也因每個個人的經驗與利益不同而難以形成彼此相同的政治想像，因此，實際形成國家公益之意見的人往往就只是少數能互相溝通的各團體與階級代表的菁英人物，他們才是名副其實的「人民」。這樣的概念界定或許會讓理想的民主派人士感到焦慮或不適，但從社會結構上和歷史經驗上都指向的這種定義方式的適切性。當然，在實際的政治都爭場域裡，政治家們總是刻意保留人民的模糊性以盡可能地去拉攏鬥爭中能夠彼此合作的人們。

在觀察政治行動時，一個冷靜的觀察者必須要能看出各種行動背後所欲整合的對象？誰時民族國家的「主體」？「主體」的意識形態與利益內容具有哪些？以及「人民主體」在整個權力競奪中的勢力大小？以上種種需考量的問題，都會影響到觀察者在觀察國家（有時甚至是國際政治）時能夠有效判斷行動效力、發展性的精確程度，也能夠更細緻的鑑賞權力關係的流動過程，而不至於被與論宣傳家的模糊論述牽著鼻子走。

人類世界的崩壞與重構與限制

如果不依靠現代傳媒與交通工具的幫助，人類所能認識到的環境範圍大抵不會超過半徑十公里以上，這也是最原始的人類以自身爲中心認識世界的方式。然而，十八世紀以後隨著科技與商業的發展，人類幾乎能夠輕而易舉地知曉地球另一端的消息，凡是擁有足夠科技資本及開放社會條件的地方無不被整合到現今人們所說的「地球村」之內。二十世紀以後的現進國家人民總是沾沾自喜於「世界大同」的實現，卻沒有發覺自己的生活早已和認知分離，成爲了「比例感失衡的行動者」。

從常識的角度來看，人知道一件事情該如何恰如其分的完成它多半是因爲自己有過執行同樣事情的經驗，旁人的七嘴八舌在自己親身試驗之下便有辦法知道其可行性。但是當代人在資訊的接收上已經遠遠超出了自己能夠親身體驗的範圍，可能因爲交通距離的限制、可能因爲財富地位的落差，甚至可能因爲現實生活的文化差異，種種都成了人們在資訊過剩的時代仍會產生隔閡的因素。這些分隔了人類肉體的因素，由於無法阻止精神上的共享，而使得人們要不是對自己的現實生活產生疑惑，要不就是欺騙自己只是還沒能力去實踐根本不屬於自己的想像標的，只能終日惶惶不安過日子，各個都成了自己與他人眼中的生活白癡。

這一切由於科技與交通突破所造成的副作用，不可能期待哪天突然消失，只能依靠人類自己的努力才能克服。要怎麼做？或許只有先認識自己與自己的生活和慾望才能辦法從過剩的資訊中組織起與自身生命意識相符合的認知世界，也唯有擁有一個健康的認知世界才有辦法指導自己該如何讓自己的生活更加完美。唯有如此，人們才有資格說自己懂得生活、懂得自己。

台灣人的條件

政治共同體的生成並不如同啓蒙時代的哲學家的說的必須建立在社會契約或文化共同體的基礎之上，歷史上多半的政治共同體往往來自征戰、征服的結果。台灣做爲一個政治共同體，所體現的是近代東亞走向西方國際體系過程中偶然誕生的結果，歷經與國民黨政權所帶來的國家統合殖民體制，直到九零年代大眾民主化以後即完成實質上的民族國家政治共同體的形式。

然而，台灣人的自我認同與自我統治在地緣政治尚未穩定的東亞仍是前途不定的，小國的自立不得不受制於大國之間的折衝，有時甚至必須審時度勢的選擇有利於自身存在的政治勢力，不惜與他國展開激烈的對峙。在台灣近代史過程中，台灣總是作爲東亞強權勢力的秩序輸出前線而存在著，二十世紀早期爲日本的大東亞共榮圈的南進基地，中晚期則是美國自由主義反共陣營的第一站線，這使得台灣雖然總是在新一輪的國家統合過程中遭受無比的人權傷害，卻又總在時勢變遷時成爲歷史的贏家。這樣的矛盾過程只有在台灣人自身取得政治權力後才告終結，但這也使得內部尚充滿認同混亂、無法順利取得政治共識的現象一再發生。

當前的美中新冷戰或許另一次許於台灣人的好時機，這次台灣人並非再是由殖民政權強迫走向新秩序的內部，而是由台灣本土政權透過大多數的民意，選擇了與世界多數的民主自由陣營，對抗東亞大陸尚步步進逼的極權主義政權。雖然不能預測台灣在近期內會遭遇什麼樣的挑戰。但依照歷史經驗的觀察，做為西方秩序輸出前線的國家幾乎能在地緣上佔有政治、經濟的優勢地位，更何況是由民意支持的本土政權帶領，避免了秩序轉移時容易造成的大規模人權侵害。台灣人一定要把握這個時機，勇敢站在東亞秩序變革的第一線，成為秩序輸出母國的代理人，這才是小國之所以能夠持續存在與繁榮的秘訣。

政治中的歷史

歷史的出現遠遠早於歷史學好幾十個世紀，歷史是共同體的技藝，一方面形塑共同體的德性，一方面給予共同體中的行動者面對未來的行動方針。如果一個人學習歷史的動機是爲了行動，那他就應該與歷史學抱持距離，而和自身所處的倫理價值所推崇的技藝走近一點。對政治家來說，歷史即是倫理學的一部份，它的客觀性不在於對過去的詮釋，而在於對實踐的幫助效果如何。政治中的歷史是政治實踐後產生的歷史，它爲活著的人服務，同時也將人們當作其成爲眞理的白老鼠。如果一個倫理或共同體在現實當中遭到消滅，那麼，與其相聯繫的歷史記憶必然也會遭到扭曲或毀滅。

身處在現實政治中的人們總是不斷地在創造屬於他們的歷史，這些歷史或許只是少數行動者的記憶或想像，又或許經過長時期的傳播和積累，成爲歷史學界和國民教育的基礎。歷史無法置外於人的記憶之中，只有「過去」（past）才是那超越人類智力之外的時空之流，它無法被人類所理解，人們只能透過它的碎片，也就是「歷史」（history）來理解連接到自身以及未來的時空向度。

那麼，作爲共同體的行動者，人們該用什麼樣的態度來面對歷史？首先，必須要先理解自身當下的行動欲望，對自己的現實目的要有所理解，才能產出自己要如何在過去尋找有啓發或有用的具體意識，只有產生具體意識才有辦把整理、統合自己所需的歷史因素，只有找到對自身實踐有幫助的歷史，才有存在的價値，也才能在它存在的那些被片刻被人們認爲是「客觀」存在的。

東亞的歷史目的論

人類在面臨前所未有的挑戰時往往會根據兩種想像路徑來處理，第一種是純粹抽象、意識形態或類似宗教教義式的想像，第二種則是歷史類比似的想像，將一段相似卻已成爲過往的歷史時空加以審視，推測出當下事件所可能導致的發展方向，越具有這種歷史敏感度的人就越能精準地做出預測。預測未來並非什麼天賜神力，而是人們爲了生存將智力本能發展開來的結果。以上兩種路徑想像中，撇除第一種可能隨個人政治立場、文化或宗教的不同而有巨大的差異，第二種想像方式往往具體得多，也較能使人信服。

那麼，就台灣人目前身處的東亞局勢，可以有怎樣的歷史想像呢？除了以希臘文明晚期的強權爭霸，或者羅馬帝國晚期和日耳曼蠻族的緊張關係來比喻外，最切乎實際的，還是要屬近代歐洲諸民族國家的發展關係來看待目前東亞局勢的發展較具有可預測性。從兩方的地緣政治發展史來比較，歐洲的長期穩定在二次世界大戰後，隨著德國戰敗，受國際環境制約的過程，已能成爲大陸民族國家從萌芽到多元穩定發展的標竿。而諸社會，雖然在美蘇冷戰後期也漸漸走向各民族國家多元穩定發展態勢，但中國的崛起及其挑戰世界霸權的戰略，反而證明了東亞社會還像兩次大戰時的歐洲，呈現高度衝突和不確定的狀態。近些年來，也有相當多的政治評論家紛紛將美中的對立看作是第二次世界大戰同盟國與軸心國的投胎轉世。

如果依循著這樣的思路，可以想像的是，戰爭不是個人能否選擇的問題，而是與歷史相似的發展必然導致激烈衝突的可能性增加。台灣的政治行動者所能做的選擇是，面對不可避免的趨勢，怎樣的行動才能使政治共同體得到最大的利益或最小的傷害，而不是關起門來假裝中立就沒事。

論極權主義

極權主義（totalitarianism）是至今爲止都尚未有一明確的一的政治學概念，然而這一概念卻也是當代史中人們急於理解並解決的問題。極權主義最初由義大利獨裁者貝尼托・墨索里尼（Benito Mussolini）所提出，主要是指由中央政府主導一切社會、經濟發展，同時帶有強烈民族主義意涵的新國家發展模式。然而，在哲學家漢娜・鄂蘭（Hannah Arendt）的《極權主義的起源》（The Origin of Totalitarianism）中，則將極權主義視爲是歐洲政治現代性的負產品，同時又因爲德國與蘇聯的歷史特殊性才眞正產生的超越國家疆界的極權主義政治。鄂蘭的論述由於太過廣博、雜亂，也導致後人往往對只取部分片段來指涉極權主義，導致政治上容易因爲去脈絡的理解而被貼上標籤。與鄂蘭同時代的卡爾・波普（Karl Popper）及弗里德里西・海耶克（Friedrich Heyek）又因爲各自對極權主義的分析，前者偏頗於意識形態的影響力，後者偏頗於自然社群的和諧性，都造成將來的讀者以教科書式的僵硬判斷來觀察政治世界的極權主義現象。

要解決以上總總的混亂定義，就只有先認識現在政治的本質才有辦法克服。現代政治的基礎以民族國家爲最主，透過一中央政府對國家進行動員、溝通與資源分配。而政府在進行此總總行爲時，在理論上，所依據的綱領即爲憲法、法律和命令，其中有以憲法爲民意總體的具現而擁有貴高的權力。極權主義按照顎蘭的說法就是將有形的政府的權威凌駕於憲法規定之上，同時此一政府又依據某一改造世界的意識形態（如社會主義或達爾文主義）來影響所有政治權威所能到達的場所，於是透過暴力達成一體化的世界觀。這裡可以觀察到極權主義具有以下特性：1.超越憲法的政治權力 2.政治權力配合具有改造世界企圖的意識形態壓制人民或他國 3.以極端暴力追求一體化世界的實現。

只有在認識到極權主義如此特點之後，才有可能以正常的比例感去看待現代政治。極權主義是我們這個時代最重要的政治現象，但作爲分析者必須要先冷靜客觀的辨識權力性質後才進一步指出極權主義在當下是如何運作、如何影響人們的生活方式。缺乏此一冷靜就急於斷定什麼是極權主義的話，反而容易使具體有效的政治對策無法擬定出來，淪爲意識形態上的口水戰罷了。

戰爭與共同體的形成

日本學者新渡戶稻造在其作品《武士道》中指出日本人的德行是由戰爭的經驗累積所形成，相比於農業民族，更加的靈活和講究紀律。

用以維繫共同體團結節的德行往往出於攸關整體生死存亡的情境而產生，人對道德的認識不只來自於權威的傳授，更緊繫於共同體歷史上所遭遇並克服的磨難，這也就是爲什麼古老的道德訓誡總是和歷史神話故事一起傳頌。

其中，在各個古老民族中，最廣爲傳頌的總是有關戰爭的神話及教訓。這並不只是像現代人所認爲的，僅僅只是古人對英雄崇拜的迷信，而是透過成功的倖存者的言行身教來規範人類群體之間必須小心的禁忌和應對方法。在戰中的故事中，總會有誇張的寓言來演示成功的共同體何以成功，失敗的共同體何以滅亡。透過這些教訓，即使後代並未面臨如故事所面臨的困境，但有意無意間卻能避免寓言中的禁忌而倖免於難。這在長期面臨戰爭的民族中更加重視，不論是新渡戶所處的日本帝國，或是十九世紀崛起的諸歐洲列強，在的受教菁英階級間總是強調宗教（世俗）倫理和民族歷史的重要性，面對他國的掌控和侵略也毫不妥協。唯有如此，也才能成就至今仍被人們稱頌爲文明最高峰的帝國主義時代，這樣的讚譽並不因爲兩次世界大戰的發生而退色，反而使人們更加投入於其中以解決當前的諸多困境。

戰爭強化了個民族菁英階層的德性，並且透過此一德性形塑出了共同體的特殊文化性格，而此一性格也將導致共同體在未來與自然或他者博弈時能否存活的概率增加或減少。不論如何，「想像共同體」（Imagined Communities）背後不只是由「印刷資本主義」（print capitalism）在支持著，還有人類爲了生存而必須面對的戰爭在推動。戰爭使人們學會了紀律，紀律使人們團結，團結使人們想像，想像指引人們戰勝死亡的命運，並將此一故事流傳給共同體的未來世代。

權力集中化的時代

目前人們所面的的這個時代是由多個權力中心所組合而成的世界，這些權力中心透過現代科技和交通訊息廣泛的將各個地緣經濟和政治吸納進入，使得資本及秩序由權力的中心點向外輻射至權力（武力）的邊緣。這樣所造成的權力和資本集中效應不是進入現代世界以前的任何人類組織方式所能比擬的，無關政體，不論是古希臘城邦、中世紀封建領土、還是遊牧民族帝國，都無法做到近代國家制度和資本主義所能達到的資源和權力的廣泛宰制。權力集中化是一個現代性的現象，它依附在現在人所仰賴的日常生活之中，自由主義或社會主義的政治立場預設也無法完全避免這種根植於現實物質基礎的運作。

從當代史的角度關照，最初由走向現代民族國家的幾個歐洲大國透過戰爭、殖民和現代憲法統治技術型塑了以西方多個權力中心吸納且幅射全球政治秩序和資本運作的現代世界格局。而後隨者兩次世界大戰的爆發，世界格局由歐洲（日本）多中心權力集中點漸漸走向由美蘇兩強所布局的兩極多國的國際形勢。在蘇聯垮台以後，則由美國一強與過去兩強爭霸後的權力真空地帶產生新的權力集中點形成一極多強的世界體系。

然而，新興的權力中心並不完全服膺於美國所輸出的世界秩序，在中東和東亞都相繼產生與美國對立的新秩序。這些新興秩序同樣以武力和資本主義控制著地緣政治，例如在台灣就不得不面對以北京權力爲中心、向東亞周邊擴張及吸納的勢力壓迫。

民族國家的結構而言，國家本身也存在著權力中心，沒有國家沒有政府，也沒有國家會沒有一個能夠集中領土的資源的大城市。因此，當代政治中對民主實踐和資源分配的想像不能完全脫離權力集中的運作的一般認識，並不是要人們服膺於權威，而是要對權力的流動基礎有一定可實踐性的理解，如此才能找到以國家共同體爲單位的共同利益改革方案。

同樣，在經濟方面，對某些國家而言，用來支持其現代性運作的資本遠遠超出一國之範圍，現代資本主義是一國際現象，對經濟流通的想像必然要涉及地緣政治的影響範圍，所謂的國民經濟學也不能只是關起門來談分配正義。

權力集中化是現代一切政治、經濟、社會現象所必須考慮的背景因素，正因爲現代世界是如此組成，因此在參考過往的古典政治學、經濟學或社會學時，如果僅僅將理論的觀念照搬挪用，而不考慮議題本身所牽涉的權力中心，甚至主觀者在權力及資源博弈中的腳色的話，很容易就會淪爲空洞、盲目的吶喊。

要看清所能觀察到的權力中心的格局，才有可能做出有利於自己或自己的共同體的政治判斷，也才能增加未來自我主體的生存率或滿足感。權力不論哪個時代都是一把劍，這把劍沒有善惡，端看使用者的智慧和技巧，要能在現代世界裡融洽生存也必須要學習此一技藝，除此別無他法。

珍惜民主

今天普遍存在於大多數國家的大眾民主制度是人類史上絕無僅有的現象，即便啓蒙運動哲學家們曾試圖揭示出大眾民主的普世性，卻從來沒有歷史證據指出大眾民主乃是國家制度中最好的或最終的制度。因此，面對此時此刻能夠享有大眾民主生活的普通老百姓，只要他們渴望透過這樣的政治制度來完善自己的生活或滿足自己的想像，那麼，他們就更應該要學習如何珍惜和保存這人類歷史上偶然且不易的機運。

在過去主義觀點來看，享受著大眾民主的人們似乎只需要單方面對政府或是更模糊的社會採取無底線的個人訴求，有的則包括普世價值或進步價值的先決條件，而國家與社會就會在這一慾望和意識型態競逐的市場中逐漸走向完善，彷彿百姓與執政者的關係是顧客和業者，而非需要相互負責的利益共生關係。這樣的觀念隨著現代教育和媒體傳播的片面化、平庸化與誇張化而變成了人們自私自利或盲目憤世嫉俗的溫床，最終導致了原本指涉同一共同體的概念逐漸演變成政府的國家、公民的社會與資本主義的市場之間相互鬥爭的場域，甚至缺乏任何信任和合作的可能性，使得文明所需的共同體協作成爲極端個人主義的舞台，其中的人們無法確立自己的權利、義務以及追求「共善」（common good）的方向。缺乏共善的國家社會必然導致共同體的滅亡，共同體滅亡同樣也將使得其所承載的大眾民主滅亡。

如何找回人們對共同體的責任感是這一個正在面臨巨大變遷的世代所要處理的最重要議題，在如今的大眾民主生活方式中還有沒有可能找到新的共同體溝通方式？大眾民主不能僅僅依靠純理念的倡議來獲得維持，其中有政治行動者也必然要具有清醒的現實政治認知、靈活的群眾動員能力，還有能對共善負責的可能。要期待全體國民都能對政治有如上的品德和實踐力或許是天方夜譚，但只要能有足以在政府之外能控制和維繫全國主流輿論流通的「人民」（people），相信共同體所能維持的基本協作也能存在，同時也就能繼續使人們透過大眾民主的方式來追求個人與社會的幸福。

國家圖書館出版品預行編目資料

人文與世界：當代人文科學的反思與嘗試 / 陳智豪著.
-- 初版. -- 臺中市 : 白象文化事業有限公司,
2023.1
面； 公分
ISBN 978-626-7189-83-2（平裝）

1.CST: 人文學

119 111017990

人文與世界：當代人文科學的反思與嘗試

作　　者　陳智豪
校　　對　陳智豪
發 行 人　張輝潭
出版發行　白象文化事業有限公司
412台中市大里區科技路1號8樓之2（台中軟體園區）
出版專線：（04）2496-5995　傳真：（04）2496-9901
401台中市東區和平街228巷44號（經銷部）
購書專線：（04）2220-8589　傳真：（04）2220-8505
專案主編　李婕
出版編印　林榮威、陳逸儒、黃麗穎、水邊、陳媁婷、李婕
設計創意　張禮南、何佳諠
經紀企劃　張輝潭、徐錦淳、廖書湘
經銷推廣　李莉吟、莊博亞、劉育姍、林政泓
行銷宣傳　黃姿虹、沈若瑜
營運管理　林金郎、曾千熏
印　　刷　基盛印刷工場
初版一刷　2023 年 1 月
定　　價　300 元